Salmos 115:16

*Los cielos le pertenecen al Señor,
pero a la humanidad le ha dado la tierra.*

Explorando Secretos de los Campos Celestiales

Bruce Hines

Explorando Secretos de los Campos Celestiales
El Misterio de los Espíritus Territoriales

Copyright © 2019, Church in One Accord - Kingdom Mysteries Publishing

TODOS LOS DERECHOS RESERVADOS. Ninguna parte de esta publicación puede ser reproducida, almacenada en un sistema de recuperación, o transmitido por ninguna forma o ningún medio electrónico, mecánico, fotocopia, grabación o cualquier otra forma – sin el permiso escrito del editor, excepto en caso de usa cortas acotaciones utilizadas en reseñas críticas y algunos otros usos, no comerciales permitidos por el la ley del derecho de autor.

www.churchinoneaccord.org

Special discounts are available on quantity purchases by corporations, associations, and other. Orders by US trade bookstores and wholesales-for details, contact the author via the website above.

Amplified Bible (AMP)
Copyright © 2015 by The Lockman Foundation, La Habra, CA 90631

The Holy Bible, New King James Version Copyright © 1982 by Thomas Nelson, Inc. Nelson, Thomas. Holy Bible, New King James Version (NKJV) . Thomas Nelson. Kindle Edition.

New American Standard Bible-NASB 1995 (Includes Translators' Notes)
Copyright © 1960, 1962, 1963, 1968, 1971, 1972, 1973, 1975, 1977, 1995 by The Lockman Foundation, A Corporation Not for Profit, La Habra, California
All Rights Reserved

The Lockman Foundation. New American Standard Bible-NASB 1995 (Includes Translators' Notes) (Kindle Locations 1410-1412). The Lockman Foundation. Kindle Edition.

Logos Bible Software 7 - Copyright 1992-2018 Faithlife/Logos Bible Software.
© 1998 by InterVarsity Christian Fellowship/ USA * All rights reserved. No part of this publication may be reproduced, stored in a retrieval system or transmitted in any form or by any means, electronic, mechanical, photocopying, recording or otherwise, without the prior permission of InterVarsity Press.

Leland Ryken, James C. Wilhoit, Tremper Longman III. Dictionary of Biblical Imagery (p. 1058). InterVarsity Press. Kindle Edition.

First Edition,2019
ISBN: 978-1-970062-09-0

Publisher: Kingdom Mysteries Publishing
817 W Park Row, Arlington, TX 76013

Printed in the United States of America

Contenido

Capítulo Uno
» DESTRONANDO LOS PODERES DE LA OSCURIDAD — 1

Capítulo Dos
» GUERRA EN LOS CIELOS — 29

Capítulo Tres
» GUERRA ESPIRITUAL — 60

Capítulo Cuatro
» HOMBRE VIEJO — 84

Capítulo Cinco
» HOMBRE NUEVO — 106

Capítulo Seis
» LA GUERRA DE NATURALEZAS — 132

Capítulo Seite
» PODER DEL NUEVO HOMBRE SOBRE LOS ÁNGELES CAÍDOS — 160

Capítulo Ocho
» ÁNGELES CAÍDOS Y LA AUTORIDAD DE LOS CREYENTES — 178

Capítulo Nueve
» ENCUENTROS DE PODER CON ÁNGELES CAÍDOSV — 196

Capítulo Diez
» LOS ÁNGELES CAÍDOS TERRITORIALES — 224

Prologo

Después de observar a Bruce escribir su primer libro en 3 meses, quedé sorprendida de lo rápido que todo sucedió. Aunque, mientras leía el libro, en lo personal pude recordar el tiempo de cada historia y experiencia. Recuerdo sus primeros encuentros con los caídos, cuando Dios los enviaba a ser juzgados, ya que estábamos juntos en esos encuentros. Yo estaba ahí cuando el recibió una profecía de uno de nuestros profetas nacionales sobre cómo Dios le iba hacer saber la estructura del reino de la oscuridad a Bruce. A causa del vasto conocimiento que Dios había planeado compartir con Bruce, he visto y continuó viendo como el Señor dirige a bruce a entender cada experiencia espiritual a través del estudio, investigación y hace que él busque consejo contactando a cada persona posible que tenga verdadero conocimiento sobre los caídos, a aquellos que específicamente los han enfrentado y conocen de ellos por la escrituras. He visto su integridad mientras estudia para mostrarse aprobado antes de enseñar a los miembros de nuestra iglesia y ministrar acerca de los caídos. Fue 7 años después de su primer encuentro que habló públicamente de los caídos. En realidad, este libro no fue escrito en 3 meses, tardo alrededor de 20 años combinados con estudio y los frutos de la experiencia a través del ministerio de sanidades y liberación.

A lo largo de los años hemos orado por miles de personas sufriendo con heridas espirituales y emocionales, problemas mentales, así como complicaciones demoniacas, mientras nos regocijamos con ellos en su sanidad. En la medida en la que hemos empezado a entender la estructura de los caídos empezamos a regocijarnos con las familias mientras ellas se reconcilian y son sanas después de que los caídos sobre su linaje son juzgados.

Si todos leyeran y entendieran Explorando los Secretos de los Campos Celestiales, las iglesias, las personas dentro de ellas y sus familias, nuestras ciudades, nuestras naciones e incluso nuestro mundo cambiaría. En hechos 28:27 Lucas nos recuerda lo que el profeta Isaías dijo en Isaías 6: 9, 10. Oro para que ustedes tengan el corazón para entender, los oídos para oír, los ojos para saber y darse cuenta de los misterios del Campo Celestial. En la medida en que lean el resto de este libro, entenderán la diferencia entre demonios y caídos.

Leah Ann Hines

Fundadora y Pastora, Church in One Accord
Arlington Texas
www.churchinoneaccord.org

Introducción

Nosotros, como cristianos estamos involucrados en un combate de lucha, tanto individual como corporativo. El creyente debe entender la vasta magnitud de lo que rodea a la guerra espiritual. Para ser victoriosos, debemos entender el origen de este conflicto y la estructura del reino de las tinieblas. Sin embargo, el cuerpo de Cristo no ha hecho esto ni lo tomado como un asunto importante la guerra espiritual o la guerra espiritual de ángeles caídos del segundo cielo. Los espíritus territoriales o ángeles caídos han sido tema de muchos libros, artículos, teologías y estudios de la Biblia. Pero ninguna de las investigaciones sobre estos temas ha puesto de forma impresa lo que describo en esta serie de libros. En lo que los autores si están de acuerdo es que la batalla por la evangelización de este mundo es espiritual, involucrando la guerra espiritual con tronos de alto rango, trono, dominios, principados y poderes que se llaman a sí mismos ángeles caídos o majestades angelicales. Veamos una escritura que encontraremos constantemente a los largo de esto libros:

Porque nuestra lucha no es contra sangre y carne, sino contra principados, contra potestades, contra los poderes (gobernantes) de este mundo de tinieblas, contra las fuerzas espirituales de maldad en las regiones celestes. (NBLH)

Porque no tenemos lucha contra sangre y carne (contendiendo solo contra oponentes físicos), no en contra de personas con cuerpo, sino contra poderes cósmicos y/ángeles caídos quienes gobiernan en varias áreas y en ordenes descendientes de autoridad. En contra de los dominadores de esta presente Era malvada, en contra de huestes espirituales de maldad.

Aquí está mi explicación de mi versión expandida de la jerarquía cósmica:

Esto nos muestra una organización estructural muy alta de niveles y grados acorde a la numeración dentro de cada jerarquía, las cuales están bien organizadas como reinos en cuatro dimensiones diferentes del segundo cielo. Estas diferentes clases de ángeles caídos, dentro de cada una de las cuatro dimensiones tienen un orden de autoridad descendente, diferentes gobernadores y subgobernadores de acuerdo al grado y número de responsabilidades en diferentes áreas de autoridad en el segundo cielo, el cual gobierna sobre la tierra por medio de las mentes de la humanidad.

Derek Prince en su libro "Guerra en los Cielos: la batalla cósmica contra el mal" define Efesios 6:12 como, "Nuestro combate de lucha no es contra carne y sangre, personas con cuerpos, sino contra gobernadores, en contra de autoridades, en contra de los dominadores de este mundo de tinieblas, en contra de toda hueste o fuerzas espirituales de maldad en los lugares celestiales."

No hay muchos cristianos que estén luchando. Incluso, puedo decir que hay muy, muy pocos Cristianos que en están batallando o luchando en lo absoluto. La guerra es un combate total y esa es la palabra que usa Pablo. Estamos involucrados un combate total contra las fuerzas espirituales quienes no tienen cuerpo en el campo terrestre y con ángeles caídos en campos celestiales.

Cuando vemos el principio, Dios creo los cielos y la tierra; los cielos en plural, la tierra singular, hay más que solo un cielo, esto está declarado claramente en 2 Corintios 12:1-4. Pablo escribe que él o alguien que conoce fue atrapado en el tercer cielo. Si hay un tercer cielo, significa que debe haber un primer y segundo cielo. Así que estaremos leyendo acerca del segundo cielo y su actividad en el. Esta batalla cósmica continuará hasta que todas las cosas sean puestas bajo los pies de Cristo Jesús.

En Isaías 14:12, leemos cómo Satanás ha caído, por esto los nombres de los ángeles malignos que se rebelaron junto con él, los caídos. También vemos que Satanás tiene un toro, y su deseo era estar por encima de todas las otras estrellas o ángeles de Dios. Esto apunta a los diferentes niveles y orden creativo de los ángeles. También leemos que hay muchos niveles diferentes en el cielo debido a su deseo de alcanzar lo más alto de las alturas en su trono para llegar a la montaña sagrada. Esto nos muestra los multi-niveles en los cielos.

También entendemos que cuando Dios creo los cielos, lo hizo ordenadamente y con poderes diferentes. Al hacerlo, Dios también asignó ejércitos angélicos de todos los rangos dentro de cada cielo en sus multi-dimensiones. ¿Ya tengo tu interés?

Esta serie de libros es acerca de la evidencia escritural por medio de los encuentros de poder con los ángeles caídos y de la próxima guerra de la Iglesia. Jesús envió a sus discípulos a continuar la guerra, la Iglesia tiene la misma lucha continua contra el diablo, ángeles caídos y demonios, así como Jesús la tuvo. Como era de esperarse, Jesús preparó a sus discípulos para pelear y ganar la guerra que les había asignado. Esta serie de libros es para abrir los ojos de la Iglesia de la guerra venidera con los ángeles caídos, ¡aunque tras bastidores, ya está sucediendo hoy! A lo que me refiero es al encuentro de combate cuerpo a cuerpo. La Iglesia ha sido instruida por Cristo para que se involucre en la guerra espiritual contra el reino de las tinieblas en todos los niveles, incluyendo ángeles caídos, y para exhibir la múltiple sabiduría de Dios ante los poderes de las tinieblas.

Es mi esperanza que esta serie de libros toque generaciones y les ayude en la guerra espiritual y el derramamiento del Espíritu Santo para la cosecha de almas.

Bruce Hines

Author / Pastor Principal
Church in One Accord

Capítulo Uno

Destronando los Poderes de la Oscuridad

Es el deseo de mi corazón atraer la atención a cómo los poderes de la oscuridad gobiernan sobre regiones dentro de cada nación. Hay 3 poderosos ministros que han cambiado mi vida, Derek Prince, Bob Larson, y Benny Hinn. Desde el día en que leí el libro de Benny hinn "La unción" y que fui tocado poderosamente en Febrero del 97, he tenido una pasión ferviente para que las personas sean tocadas y sanadas en el nombre de Jesús por medio de la persona del Espíritu Santo. En la noche de Halloween en 1998, fui a ver un ministro de liberación llamado Bob Larson. Esta fue la primera vez que vi que los demonios le obedecían a un ministro. Y al final del servicio, fui a su línea de oración y sentí un increíble aceite caliente recorriéndome mientras él me ungía con aceite. Mis ojos en ese mismo instante fueron abiertos para que pudiese ver a todos lo que tuvieran demonios. Desde entonces ha sido una experiencia increíble, llevándole libertad a miles que verdaderamente quieren ser libres. Con estas dos unciones de poder y autoridad, fui dirigido por el Espíritu Santo hacía el misterio de Derek Prince, en donde este poderoso maestro de la biblia me ayudo a cimentar mis bases en sanidades y liberación. He descubierto con el pasar de los años que la voluntad del Espíritu Santo para mi vida es mostrarme los secretos del reino de la tinieblas, y traer un rompimiento poderoso a aquellos que realmente necesitan sanidad. Hay una doble llave para operar en la unción de las sanidades y liberaciones. La primera llave es el poder y la presencia del Espíritu Santo. La segunda es estar completamente entrenado, entendiendo de acuerdo a las escrituras cómo desmantelar el reino de la tinieblas y también cómo Dios sana. En este libro desmantelaré esos secretos. Si sabemos cómo manejar cada campo, la sanidad y la liberación, entonces la única cosa que nos haría falta es el encontrarnos o cumplir con las condiciones que desatan el poder del Dios vivo.

He leído muchos libros que prometen rompimiento de barreras sobre las regiones a través de la oración, la corte de Dios, sanidades o evangelismo, y pese que estas cosas son claves, el rompimiento principal viene cuando se le da lugar a la liberación. Una vez un alma experimenta la salvación, el perdón de los pecados confesados, la redención por medio de la sangre de Jesús, y el bautismo en agua, el siguiente paso es llevar a esos individuos a liberación de los espíritus malignos para que así puedan recibir el bautismo del Espíritu Santo.

CAPÍTULO UNO

Es la voluntad de Dios y Su deseo que nos sometamos a la liberación del poder de las tinieblas en nuestra alma y cuerpo. Esto viene por medio de la santificación. Déjame decirlo de esta manera, la promesa del poder de la Era que ha de venir. La completa santificación para cada creyente está en la Era que ha de venir.

La salvación cubre al hombre espiritual. Jesús le dice a Nicodemo Los principios de la salvación, Jesús revela; la carne siempre va a ser influenciada por el pecado, porque nace de la carne o de la naturaleza pecaminosa que heredamos de generación en generación. Para entender las dos naturalezas el hombre, obtén mi libro llamado "La clave Misteriosa del Nuevo Testamento". Jesús le ayuda a Nicodemo a aclarar su razonamiento diciéndole que el Espíritu da a luz al espíritu. Este es mi punto, mientras el pecado este en la región, no hay un dominio o gobernador apostólico. Sin embargo pueden coexistir o como yo lo llamo hay un derecho para operar sin oposición.

Justo cuando Israel cruzó a la tierra prometida y avanzó a ocuparla, Dios les dio la victoria. La forma para destronar a los ángeles caídos sobre ciudades es por medio de ocupar y avanzar. Ir a las calles, ganar almas por medio del evangelio del Reino. Esto es tanto una revelación individual y territorial. ¡Es también la última orden de Jesús! Si alguna vez has estado en la milicia, entonces sabes que los soldados obedecen la última orden hasta que reciban una nueva.

No podemos negar que las situaciones influencian nuestra carne, haciéndonos ver que no estamos libres de

Destronando los Poderes de la Oscuridad

ésta Era, de la influencia del pecado. Cuando conducimos alrededor de ciudades, vemos la influencia de esta Era maligna, el pecado. Así que he encontrado que la simple respuesta para dominar en una ciudad, es la salvación personal de alguien. Jesús nos dice en Mateo 9:38 "Rogad, pues, al Señor de la cosecha, que envíe obreros a Su cosecha." Debemos orar para que Dios nos conceda favor a medida que vamos a nuestras ciudades con la gracia de la salvación de Dios para aquellos que creen. A medida que vayamos a nuestras ciudades con el regalo de la salvación, vamos a sanar las enfermedades y a echar fuera demonios (Mat. 10:7.8). Esto es ejercer o hacer cumplir el dominio del reino de Dios a través de Cristo Jesús. El poder y ministerio del Espíritu Santo es el depósito dado a aquellos que creen, el poder de la Era que ha de venir.

Sabemos por la escritura que hay entidades espirituales malignas que tienen lugares de influencia sobre individuos, ciudades, regiones y territorios que determinan las atmosferas, cultura y el diario vivir que revela lo natural. La mayoría de la humanidad se niega a creer que detrás de ciertos establecimientos, negociones, democracias y gobiernos socialistas hay huestes (ejércitos) espirituales, buenas o malas. Pablo dice, desde los individuos, incluyendo y hasta los gobiernos. Efesios 6:12 dice, nosotros no estamos peleando contra las personas, sino a las fuerzas espirituales detrás de ellas. Por medio del evangelismo de poder, oración y al establecer el Espíritu Santo en las iglesias, dominamos estos dominios malignos, para que así los corazones y mentes de la humanidad sean libres y salgan del reino de las tinieblas al Reino de la luz. Esta es la enseñanza

CAPÍTULO UNO

principal en el libro de los Hechos.

LO VISIBLE REVELA QUIÉN ESTÁ EN CONTROL

La Biblia nos muestra en la escritura que lo que es invisible, el campo espiritual, tanto el bueno como el malo, determinan el control de los individuos, ciudades y jurisdicciones, vemos esto todos los días, aun así nos adormecemos ante lo que nos rodea. Nos desensibilizamos por medio de la familiaridad y lugares de destrucción pues poco se piensa en la destrucción que traen consigo. ¿Acaso lo sucedido son fuerzas sobrenaturales malignas, ángeles caídos con diferentes niveles de jurisdicción, y demonios que tienen diferentes poderes, derechos legales por medio del pecado para así oprimir regiones, y mantener a la humanidad lejos del evangelio del Señor Jesucristo? Al suprimir el evangelio el pecado abunda. Cuando el evangelio del Reino no es predicado, el pecado abunda. Estos derechos legales por medio del pecado son realmente maldiciones que influencian las mentes de la humanidad. Las maldiciones regionales son debido a que una generación tras otra continúa en los pecados e iniquidades de sus antepasados. Veo esto en los hogares tanto de los no creyentes como de los creyentes, Iglesias, negocios, gobiernos de las ciudades, por medio de todas sus acciones. ¡A través de un comportamiento notorio vemos la realidad de lo invisible!

En Deuteronomio 28:23-24 (AMP), "El cielo que está sobre tu cabeza será de bronce [sin dar lluvia y bloqueando toda oración], y la tierra que está bajo tus pies, de hierro [duro de arar e improductivo].

Destronando los Poderes de la Oscuridad

El Señor hará de la lluvia polvo y arena; del cielo caerá y vendrá sobre ti hasta que te destruya."

Amo esta escritura en su capítulo de bendición y maldición. Nos dice exactamente lo que debemos de hacer. Cuando hay poco rompimiento de barreras, se le debe dar lugar a la oración de arrepentimiento, un movimiento de santidad, la oración para el derramamiento del Espíritu de Dios, y evangelismo de poder. Cuando un ministro o ministerio es enviado a una región seca y polvorienta, la persistencia para que los cielos se abran es vital. Uno por uno, cada hombre y mujer de Dios se humillan y oran. El pueblo de Dios supera los temores sobre el evangelismo, y lleva sus dones a las almas perdidas, es ahí cuando se trae la gloria de Dios. El pecado endurece la atmosfera, aun así los ministros no están dispuestos a llamar a la Iglesia a Santidad. La oración, la santidad y el evangelismo de poder suavizan la atmosfera y traen consigo la lluvia. Entonces, ¿Cómo destronamos a los ángeles caídos en el segundo cielo, y los poderes demoniacos que trabajan para ellos? Nos entrenamos para ganar a los perdidos. Ve a al tribunal de Dios y pide por nuestra ciudad, oraciones de arrepentimiento continuamente. Aprende a hacer guerra espiritual tanto en el campo celestial como en el campo terrestre. Evangelismo de poder y predicación del Reino.

El libro de los efesios dice que la iglesia es un ejército. Los soldados conforman un ejército de muchas especialidades, con muchas asignaciones o tareas. El cuerpo de Cristo tiene muchos dones, llamando a cada miembro a cumplir su parte. Pablo nos dice que debemos comprometer este

CAPÍTULO UNO

ejército de soldados para pelear la guerra que es global, continental, nacional, estatal, regional, departamental, a nivel de ciudades e individual. De hecho, es más que global, incluye el segundo cielo o los campos celestiales en todas sus cuatro dimensiones, con sus sub-dimensiones o nueve campos dentro de cada dimensión. Así es como lo entiendo hoy en día. El adjetivo que correctamente explica este conflicto en una sola palabra es, universal.

LIBERANDO LA MENTE

En Isaías 64:1-2, hay un combate intenso sucediendo en medio de diferentes niveles y sub-niveles de las cuatro dimensiones de los campos celestiales. Lo que no está dicho, pero se ve entre líneas y muchos encuentros de poder revelan es que la presión ejercida sobre los reinos malignos, tanto en la tierra como en los cielos, por medio de la iglesia, causará que los cielos estallen, se desgarren de manera violenta. Tanta presión que los cielos se desgarrarán en pedazos. Esta es la definición de cielos abiertos. Es el plan de Dios, que mientras Jesús separaba los cielos se cumpliera la voluntad del Padre, revelando el ministerio de poder como un modelo, por lo tanto ahora la iglesia empoderada en el Espíritu Santo también debe de hacerlo. Dios quiere sacudir las naciones, pero la mayoría lo hará por medio de Su Iglesia. Es la asignación de la Iglesia rasgar en pedazos los campos celestiales, y a los ángeles caídos que se nos oponen. Sabemos que si dependiera de Dios, el cielo y la tierra estarían en contacto directo todo el tiempo.

Cuando la Iglesia empieza a echar fuera espíritus demoniacos, eventualmente los ángeles caídos bajan y defienden su territorio. Esto ha pasado muchas veces en liberaciones, tanto individuales como sobre ciudades. En la medida en la que bajan, más intensas se vuelen las reuniones de oración. Incluso liberaciones masivas ocurren en un nuevo nivel. En vez de eliminar a los grupos de demonios, los ángeles caídos que gobiernas sobre los grupos de demonios son removidos y expulsados. En este proceso los ángeles caídos entregan las mentes de los creyentes a Jesucristo (la liberación de la mente para que sea renovada) y salen fuera o son expulsados de sus mentes. Cuando esto sucede, la mayoría dice que se siente como extracción un poco dolorosa, o como si les estuvieran halando y quitando un velo o cubierta de sus mentes, un levantamiento de algo en esa área de la mente o un mareo que luego se va. Las personas frecuentemente dicen que se siente como una aspiradora, y cuando el caído se va, todos los demonios también salen de una sola vez. La mayoría tosen o vomitan mientras los demonios están saliendo. Nuevamente, cuando un ángeles caídos están saliendo, en las mentes de las personas se siente como una extracción, la dolorosa imagen de la mente, está es la liberación de la mente. La biblia llama a esto el rompimiento del segundo cielo, la liberación de la mente humana.

"No os conforméis a este siglo, sino transformaos por medio de la renovación de vuestro entendimiento, para que comprobéis cuál sea la buena voluntad de Dios, agradable y perfecta." Romanos 12:2 RVR

Conformarse a este mundo significa formar o moldear

CAPÍTULO UNO

su comportamiento en acorde a un patrón partículas o grupo de estándares establecidos en el mundo. Entonces, nosotros vemos el poder de la mente, forjando el camino por el cual obramos. Pablo dice que la mente de esta Era caída es el sistema de prácticas y estándares asociados a esta sociedad secular. (Esto significa, sin referenciar ninguna demanda o requisito dado por Dios) – el sistema mundano, los estándares del mundo, las creencias del mundo. La palabra en griego para "mundo" es "Era". Sabemos que esta Era es maligna, gobernada por el príncipe del poder del aire. Satanás no es solo una persona sino también una metáfora para todos los ángeles caídos quienes abandonaron sus posiciones de autoridad dadas por Dios. Cada persona debe someterse a la renovación de sus mentes, lo que significa ser libre de una mente controlada por los ángeles caídos. Cada creyente debe pasar por medio de dos campos de liberación, la mente y el cuerpo. La liberación de la mente es el causar que algo se convierta en nuevo o diferente, con la implicación de convertirse en superior. La caída de la humanidad nos hace tomar la naturaleza y la mentalidad de los ángeles caídos, produciendo en nosotros malas acciones. Pero la mente libre por el poder del Espíritu Santo se convierte en superior al ser renovada en la palabra de Dios, y en el poder de Dios. La liberación del cuerpo es el expulsar los demonios, pero la liberación de la mente es el hacer que los ángeles caídos sean expulsados por medio de un juicio.

La mentalidad maligna o el albedrio de la humanidad, controlado por ángeles caídos, primero divide a la humanidad de la Palabra de Dios. Segundo, hace que razonemos la verdad de Dios. Y tercero, quiere hacer que rechacemos la verdad y los caminos de Dios. La mente del creyente debe someterse y experimentar una examinación, derrumbando todo falso conocimiento, creencias y acciones. Experimentando por medio de la Palabra de Dios al Espíritu Santo, una mentalidad superior con nuevos corazones y nuevas formas de entendimiento. Esta es la mente de Cristo, el mayor cambio en la mente de un creyente se da cuando los ángeles caídos salen o son removidos de sus mentes, y la mente ya no está más cegada. Las personas me dicen que el entendimiento de la Palabra de Dios se vuelve más claro y los pensamientos de Dios o su mover se vuelve más intenso. ¿Por qué? ¡Hemos levantado o removido el velo!

Santiago Capítulo uno nos dice que primero somos oidores de la Palabra de Dios y luego nos convertimos en hacedores de Su Palabra. Esta es la mente liberada de los ángeles caídos. Santiago dice, no es el hombre quien escucha la palabra, sino el hacedor, esta es la mente libre. Pero los ángeles caídos causan que la mayoría no lo escuche, sino que resista a quien si desea hacerlo. Santiago dice que la Palabra de Dios es como un espejo, una examinación de nuestras mentes. Aun así es contra esto que los ángeles caídos batallan. Tratando de cegar las mentes de los hombres. Mientras la humanidad mira dentro del espejo, los ángeles caídos malignos guardan la mentalidad de los creyentes y no creyentes, para que así nadie entienda y no se conviertan en hacedores, ni experimenten la ley de la libertad.

"Por tanto, ceñid los lomos de vuestro entendimiento, sed sobrios, y esperad por completo

CAPÍTULO UNO

> *en la gracia que se os traerá cuando Jesucristo sea manifestado; como hijos obedientes, no os conforméis a los deseos que antes teníais estando en vuestra ignorancia."* 1 Pedro 13-14

Derek Prince diría sobre la palabra "por lo tanto", averigüen para qué sirve. Pedro está retando a los creyentes de esta gran salvación y las glorias que tienen, incluso los ángeles santos de Dios que anhelan ver. La mente liberada de un caído es la mente de alguien que está listo para actuar. Alguien que ya está listo para subirse las mangas e ir a trabajar. Ese creyente se ciñe o se ajusta la túnica con el cinturón de la justicia y ahora queda listo para correr la carrera que está frente a él.

El creyente está listo para monitorear y contrarrestar las obras de los ángeles caídos y espíritus demoniacos que influencia y controlan la mente de la humanidad por medio de actos malignos. Debemos colocar nuestra esperanza en el poder de la Era que ha de venir. ¿Cómo sucede esto? Por medio de experimentar ese poder ahora, en esta Era maligna. Esto sucede cuando vivimos bajo una mentalidad diferente. Somos obedientes y respondemos al Espíritu Santo y a la Palabra de Dios. La mente que razona acercad e la escritura, es la mente mantenida cautiva por los ángeles caídos. Noten que pedro declara que aquellos que están conformes a los deseos de este mundo o Era, están siendo controlados en sus mentes por ángeles caídos y esto es revelado por medio de actos malignos.

"Y él os dio vida a vosotros, cuando estabais muertos

> *en vuestros delitos y pecados, en los cuales anduvisteis en otro tiempo, siguiendo la corriente de este mundo, conforme al príncipe de la potestad del aire, el espíritu que ahora opera en los hijos de desobediencia, entre los cuales también todos nosotros vivimos en otro tiempo en los deseos de nuestra carne, haciendo la voluntad de la carne y de los pensamientos, y éramos por naturaleza hijos de ira, lo mismo que los demás". Efesios 2:1-3*

Esto es lo que los ángeles caídos, quienes son los padres de los demonios hicieron; sobrepasar los límites que Dios les dio. Nosotros también pecamos cuando la humanidad actúa o sobrepasa las leyes o limites en los cuales Dios le ha ordenado a la humanidad que viva. Pablo está diciendo, antes vivíamos y actuábamos bajo el control de un principado, gobernador, una fuerza y poder sobrenatural. Noten que la definición es plural, pero también se refiere a Satanás. Pablo dice que Satanás tiene un trono, principado bajo su control y comando. Son poderes sobrenaturales que tienen asignaciones diferentes o singulares y van para controlar el destino y las actividades de los seres humanos. Ya que la definición es plural, y se refiere a fuerzas y poderes sobre naturales, significa que hay muchos dentro de cada una de las cuatro dimensiones del segundo cielo. ¡Vamos a hablar más de esto en el siguiente capítulo!

Entonces, para destronar al segundo cielo de las ciudades, hay múltiples capas de tronos, y sub-tronos que tenemos que derribar y juzgar acorde a la escritura. Encontramos esto en Salmos 82, y he visto esto suceder como mínimo

CAPÍTULO UNO

unas mil veces. Para remover los ángeles malignos sobre las ciudades, las actividades humanas tienen que entrar a tomar el destino de Dios para esa ciudad. Esto viene por medio del esparcimiento del evangelio, la transformación de las mentes de los hombres. Los ministerios de liberación se enfocan en la sanidad interior y echar fuera demonios, no toman parte en el combate directo. Para liberar una ciudad, la humanidad debe aprobar las leyes de acuerdo con la Escritura. La humanidad se salva, nace de nuevo, y es transforma en tal manera que las leyes que gobiernan en lo natural, son reflejo o espejo de las leyes que gobiernan en el Reino de Dios. ¡Este es el inicio de los cielos en la tierra!

¿Alguna vez has escuchado o leído cosas como que a medida que las personas obran en señales, prodigios, sanidades y milagros y no liberación se produce una ruptura de la maldad en los campos espirituales? No, esto no es cierto. ¿Qué es lo que ocurre? Una persona es sana, pero si no hay un compartir del evangelio y los establecimientos pecaminosos no son removidos, entonces la Iglesia experimenta cambios pero no los cielos. Con la mayoría de los ministerios de sanidad, tengo que ir detrás de ellos y echar fuera espíritus demoniacos y libertar a las personas de los ángeles caídos.

Los milagros no cambian la atmosfera sobre las ciudades, ellos ayudan a las personas a creer en el evangelio, desean conformarse con el evangelio, y esto es el inicio de la transformación atmosférica. Vemos esto en los evangelios y en el libro de los hechos. El poder sanador de Dios no es el que desmantela a los ángeles caídos en el segundo cielo y a los espíritus demoniacos en regiones de la tierra. El poder sanador de Dios toca el cuerpo y trae esperanza y fe al espíritu del hombre, pero en la mayoría de los casos, la persona está sufriendo por los demonios. La razón por la cual no vemos a más personas siendo sanas son por los derechos legales demoniacos, maldiciones y fortalezas. ¿Qué desmantela y destrona los poderes espirituales malignos? El ministerio de la liberación sanidad. Cuando se da lugar a la predicación del evangelio junto con sanidad y liberación.

Cuando se da lugar a la liberación, las mentes de la humanidad son desafiadas o examinadas, y toda clase de pensamientos se dan dentro de las mentes de los individuos. He visto esto por más de 20 años. La liberación trae mentiras, asuntos doctrinales, divisiones y muchas otras situaciones o excusas. La liberación fuerza a la mente a ver a un Dios justo y Santo quien está trayendo el reino de las tinieblas a la luz, aun así los ángeles caídos simultáneamente están peleando en lugares no renovados de la mente para poder cegar y que ellos no vean la gloria de Dios por medio de la liberación. Los ángeles caídos están tratando de convencer a la humanidad que no hay necesidad de realizar liberaciones, incluso hasta el punto de decir que las manifestaciones del maligno no son escriturales. Dentro de esos límites es que un cristiano puede llegar a tener un demonio o sus mentes sometidas por un ángel caído.

La mayoría de los ministerios de poder giran en torno a la sanidad. ¿Por qué? Porque la liberación se despliega y abre el reino de la tiniebla a la humanidad. Este revela las mentes de la humanidad. Muestra quién está en control,

CAPÍTULO UNO

Dios o los ángeles caídos. También trae acusaciones difamatorias contra los ministerios. ¿Quién está difamando? Los ángeles caídos por medio de las mentes de las personas que obedecen esos pensamientos malignos y entonces hablan. Los ministerios de poder en sanidades creen que están marcando la diferencia en el rompimiento de barreras hacia el campo del espíritu sobre ciudades. En una medida pequeña, sí lo hacen, pero solo dando esperanza y fe a las personas por medio de la sanidad en sus cuerpos naturales, más no libertad de los ángeles caídos y espíritus demoniacos. La libertad está en el campo de las liberaciones. Los ministerios de sanidades lidian con el cuerpo, los ministerios de liberación lidian con el alma y con la mentalidad de la humanidad. Muchos vienen a Cristo por medio de las sanidades, pero muchos continúan estando poseídos por demonios. Nuevamente, muchas veces me ha tocado ir detrás de estos de estos ministerios de sanación y echar fuera demonios de las personas que ya Jesús ha sanado. En la mayoría de los casos esta es la manera cómo se mantienen sanos. La mayoría de las personas aman los ministerios de sanación, pero no ven la necesidad del ministerio de liberación con la misma importancia. Esto también se debe al trabajo de los ángeles caídos. No nos olvidemos de la simplicidad del evangelio. El espíritu nace de nuevo, pero la mente debe ser liberada de los ángeles caídos, el cuerpo debe ser liberado de todo espíritu demoniaco, enfermedad y pecado. Una última cosa acerca de la unción de sanidad. Esta puede activar los dones del Espíritu Santo, tales como palabras de conocimiento, pero solo la unción de la liberación puede liberar a la humanidad.

Destronando los Poderes de la Oscuridad
La Autoridad Destrona a los Ángeles Caídos

¡Sólo la autoridad derriba el reino de las tinieblas! Con la autoridad viene el poder. Entre más autoridad uno tenga, más poder va a poder ejercer. La Autoridad es más importante que el Poder.

La humanidad conquista con poder, pero gobierna con autoridad. Vemos esto en el libro de Judas, verso 6. Ángeles, buenos y malos, gobiernan en esferas de autoridad. Tienen una autoridad gobernante que les permite o da el derecho de ejercer una influencia de control por medio del poder. También vemos esto en Lucas 4:31-37:

> Descendió Jesús a Capernaum, ciudad de Galilea; y les enseñaba en los días de reposo. Y se admiraban de su doctrina, porque su palabra era con autoridad. Estaba en la sinagoga un hombre que tenía un espíritu de demonio inmundo, el cual exclamó a gran voz, diciendo: Déjanos; ¿qué tienes con nosotros, Jesús nazareno? ¿Has venido para destruirnos? Yo te conozco quién eres, el Santo de Dios. Y Jesús le reprendió, diciendo: Cállate, y sal de él. Entonces el demonio, derribándole en medio de ellos, salió de él, y no le hizo daño alguno. Y estaban todos maravillados, y hablaban unos a otros, diciendo: ¿Qué palabra es esta, que con autoridad y poder manda a los espíritus inmundos, y salen? Y su fama se difundía por todos los lugares de los contornos. Lucas 4:31-37

Este es el ejemplo perfecto de autoridad siendo ejercida, y el resultado fue poder. Noten en el verso 36, la dis-

CAPÍTULO UNO

tinción entre autoridad y poder. Fue la autoridad quien le dio derecho de hablar a Jesús, y fue el poder por el cual echó fuera a los demonios. Cuando buscamos la palabra "Exousia," significa el más alto control judicial. Esto se refiere a promociones a niveles más alto de autoridad hasta que alcancemos el nivel de Jesús. Esa es la meta de Dios para nosotros. Es claramente una fuerza sobrenatural. La autoridad es un poder legítimo, sin impedimentos para actuar y ejercer control sobre una jurisdicción. Pero el poder significa poder físico. Exousia o autoridad en el derecho legal para actuar. En la escritura de arriba, vemos que fue el poder que echó fuera a los demonios, pero fue la autoridad la que le dio a Jesús el derecho legal para actuar. Dunamis, la palabra de poder, es creativa, sobrenatural, fuerza milagrosa. Es medio de cambio o la fuerza milagrosa que echa fuera los demonios.

La autoridad hizo que los demonios le hablaran a Jesús. Noten que es un demonio hablando por un grupo. Esto es autoridad, hace que salgan a la superficie los demonios. También causa que las personas piensen bien o mal de ti. A qué se refería el demonio cuando dice´ ¿Qué tienes con nosotros?´ o ¿qué negocios tienes con nosotros? (KJV) negocio es la ocupación de una persona o profesión. Es una actividad en la que alguien está involucrado. Es el trabajo que alguien debe realizar o asuntos que deben ser atendidos. Así que negocio es la práctica de ganarse la vida por medio de un salario. Esta es la clave para el campo espiritual. Los demonios ganan salarios espirituales para poder ascender a la escala corporativa demoniaca dentro de su estado o nivel de creación para poder ganar más poder espirituales de los

Destronando los Poderes de la Oscuridad

ángeles caídos que asignan estás tareas.

El demonio hablando por todos ellos dijo, "yo conozco quién eres, el Santo de Dios" los demonios saben si tienes autoridad y poder, o si tienes ambos. Estos demonios sabían que Jesús estaba gobernando con poder. El gobierno es la autoridad del Reino de Dios. Debemos educarnos a nosotros mismos primero para gobernar antes que para realizar las acciones legales de poder. El despliegue en el campo espiritual es un movimiento de fuerza o poder que establece el Reino de Dios. ¿Por qué Jesús reprende a los demonios, por sus negocios? ¿Qué significado tiene esto en los campos celestiales y terrenales? ¡Los salarios que estos ángeles malignos y demonios han ganado deben ser transferidos de vuelta a los individuos, familias, instituciones, iglesias, ciudades y regiones!

En Hechos 14:1-7 vemos el poder milagroso de Dios obrando y las personas venían al Señor:

Cuando Pablo y Bernabé entraron juntos en la sinagoga de los Judíos en Iconio, hablaron de tal manera que creyó una gran multitud, tanto de Judíos como de Griegos. 2 Pero los Judíos que no creyeron, excitaron y llenaron de odio los ánimos (las almas) de los Gentiles contra los hermanos. 3 Con todo, se detuvieron allí mucho tiempo hablando valientemente, confiados en el Señor que confirmaba la palabra de Su gracia, concediendo que se hicieran señales (milagros) y prodigios por medio de sus manos.

4 Pero la gente de la ciudad estaba dividida, y unos es-

Capítulo Uno

taban con los Judíos y otros con los apóstoles. 5 Cuando los Gentiles y los Judíos, con sus gobernantes, prepararon un atentado para maltratarlos y apedrearlos, 6 los apóstoles se dieron cuenta de ello y huyeron a las ciudades de Licaonia, Listra, Derbe, y sus alrededores; 7 y allí continuaron anunciando el evangelio (las buenas nuevas).

Nueva Biblia Latinoamericana de Hoy.

No había ángeles siendo destronados o derribados en Icono. Las personas estaban siendo salvas, de hecho un gran número de judíos y gentiles creyeron en Cristo en la medida en la que se predicaba el evangelio. Tomen nota, pero los judíos que se negaron a creer se levantaron y envenenaron las mentes de los gentiles. Esto es un obrar del segundo cielo. Los ángeles caídos territoriales se movieron en las mentes de los habitantes de Icono, tanto judíos como griegos, y los provocaron a ira. Ellos suscitaron pensamientos de persecución en sus mentes, lo cual los llevo a sentir el deseo de hacerlo. Cuando estamos haciendo la obra del Reino, y la mente de las personas en regiones te hablan o te tratan con hostilidad o te dan malos tratos, están bajo el control o la influencia de los ángeles caídos de la región. Este fue el caso en esta escritura.

Reconocemos que Dios estaba salvando almas por medio de Pablo y Bernabé. Pablo y Bernabé pasaron un tiempo considerable en esa región. Esto nos quiere decir que Dios solo permitió o dio a los ángeles caídos un acceso limitado pues la cosecha se estaba recogiendo. Dios confirmó el mensaje del evangelio con señales y prodigios milagrosos.

Destronando los Poderes de la Oscuridad

Mientras las personas continúen creyendo y mentes sean transformadas, siempre habrá una ventana en los campos celestiales para la cosecha. Cuando la ventana de tiempo se acabó por medio de la elección humana, ellos convinieron un plan para maltratar a los apóstoles y apedrearlos. Los apóstoles se dieron cuenta de esto y huyeron a las ciudades de Licaonia, Listra y Derbe, y regiones del rededor. Tuvieron que dejar la jurisdicción de los ángeles caídos. Sé que mucho de esto puede ser nuevo o difícil de creer pero desde el 2007 he estado lidiando con ángeles caídos y las mentes de los hombres.

La biblia nos muestra que cuando nosotros predicamos el evangelio y la gracia de Dios hay salvación y milagros, el enemigo y los ángeles caídos siendo los dioses de esta Era, pueden vendar o cegar las mentes de la humanidad. La función de los ángeles caídos es el bajar y defender su territorio. Es el trabajo de la iglesia por medio de la oración y el ayuno, alabanzas y adoración, santidad, evangelización y por medio de ejercer ministerios de poder el mantener la ventana de gracia de Dios abierta. Si entrenamos al liderazgo de la iglesia, es ahí cuando le podemos preguntar a Dios que traiga juicio sobre los ángeles caídos territoriales. Hacer que Dios los juzgue cuando vengan a la tierra o la jurisdicción de autoridad del hombre. Si podemos reconocerlos cuando bajan, entonces Dios se moverá a favor y en nombre de las iglesias. Esto ha sucedido muchas veces,

En Génesis 1:28 vemos un poderoso mandamiento de someter la tierra. ¿Qué necesitaba someterse? Los ángeles caídos quienes cayeron antes de la creación de la humani-

CAPÍTULO UNO

dad. Fue Satanás, y todos los ángeles caídos que sedujeron a Adán y Eva en sus mentes para que así trasgredieran. Fue una elección libre. Sin una extracción quirúrgica de los caídos, esta Era maligna y los caídos permanecen en la mente individual de los creyentes. Eso no me gusta, pero esas son las reglas. La definición de someter es subordinar. Significa conquistar y controlar un ambiente. La Iglesia no ha aprendido a vencer al control, usando la autoridad y el de Cristo Jesús para influenciar y dirigir la tierra en la que vivimos.

Los Cielos

Cuando hablamos de los cielos, hay solo un sustantivo, cielo, lo cual señala y resalta que está sobre toda unidad y encarnación. Hay otras expresiones que hablan de sus diferentes características y o sus niveles. Las palabras en la Biblia como celestiales o celestial sugieren diferentes lugares, niveles, características y campos de autoridad, todos bajo un cielo o un gobernador, Dios Padre. Incluso el reino de las tinieblas opera acorde a las leyes establecidas por Dios en medio del cielo. Por ejemplo, cuando hay justicia en la humanidad, esto ata las obras del mal. Cuando hay pecado, el mal es libre para expresarse a sí mismo y hacer sus obras acorde al pecado que fue cometido.

En 2 de Corintios 12:2-4 Pablo escribe:

Conozco a un hombre en Cristo, que hace catorce años (si en el cuerpo, no lo sé; si fuera del cuerpo, no lo sé; Dios lo sabe) fue arrebatado hasta el

Destronando los Poderes de la Oscuridad

tercer cielo. Y conozco al tal hombre (si en el cuerpo, o fuera del cuerpo, no lo sé; Dios lo sabe), que fue arrebatado al paraíso, donde oyó palabras inefables que no le es dado al hombre expresar.

El tercer cielo significa el tercero en una serie, involucrando ya sea el tiempo, espacio o conjunto de cielos. Hay tres cielos, y la definición dicen que uno está sobre el otro. Pablo dice que la morada de Dios está en el tercer cielo y ese es el paraíso. En la cruz, Jesús dijo al ladrón arrepentido que le pidió que lo recordase, "Hoy en verdad te digo, hoy estarás conmigo en el paraíso" (Lucas 23:43 NBL). El Paraíso es la morada de Dios y el lugar más sagrado en la creación del universo.

Hay lugares celestiales en el segundo cielo, cuatro niveles de autoridad, con por lo menos nueve sub-niveles o clases dentro de cada nivel primario. Aquí es dónde los ángeles, tanto buenos como malos, pelean por el derecho a controlar las dimensiones más bajas. En el siguiente capítulo miraremos estas dimensiones más de cerca. Con el reporte de Jesús y Pablo, nos damos cuenta que lo que hacemos en la tierra afecta los campos celestiales. Dios diseñó a los cielos y a la tierra para que trabajen juntos en unidad. Por lo tanto, ¡Dios usa lo milagroso! Las intenciones de Dios para la iglesia es que opere en liberación y en operación. Cuando los milagros, liberación y sanidad están operando, cambia el orden moral terrenal o terrestre. Cuando la liberación es efectiva en operación, esto cambia terrenal y celestialmente o podríamos decir; que cambia todos los niveles de los campos espirituales. Debemos derrotar las ar-

CAPÍTULO UNO

mas de la oscuridad, esto es liberación. Exponer al enemigo y derrotarlo por medio de estrategias de guerra espiritual trayéndolas a colapsar sobre los ángeles caídos que están sobre ciudades.

La creencia de que una unción de rompimiento viene a través de la sanidad, lo profético o cualquier otro medio de unción diferente a la liberación, simplemente revela la falta de revelación en el campo de la guerra espiritual. ¿Es la oración la que mueve y produce la habilidad de romper los cielos? Sí, pero solo lo oración no hace que se rompan los cielos. Sé que esta afirmación puede perturbar y friccionar con muchas creencias personales, pero es cierta. ¡Déjame explicarlo! Fui enviado a una ciudad en el corazón de Texas. Esta ciudad tenía un ministerio poderoso de sanación que había estado durante años, incluso antes de que estuviese, hubo un ministerio profético e intercesor. Incluso antes que pudiera realizar mi primera reunión en esa ciudad el segundo cielo empezó a manifestarse. Los ángeles caídos celestiales sabían que tenían que detener mi ministerio. ¿Por qué? Porque el Espíritu Santo hace liberaciones increíbles a través de mi ministerio. Esta es la unción de rompimiento. Yo estaba para echar fuera demonios de cada persona que ha atendido a estas ministraciones de sanidad y profecía. Estas personas han atendido estas ministraciones de sanidad y profecía durante años, aun así cuando llegaron en la noche de liberación, eche fuera demonios y ángeles caídos tuvieron que dejarlos libres. Aquí está una revelación que el cuerpo de Cristo necesita, solo porque estás salvo, no significa que en esta Era no le pertenezcas a los ángeles caídos por medio del pecado, ¡Auch! Nuevamente, si alguien no puede aceptar lo que digo, eso en sí mismo revela a los ángeles caídos sobre tu linaje familiar y territorio, quienes han segado tus ojos al entendimiento. Nuevamente, no me gusta, pero desde el 2007 he estado en encuentros de combate directo que han probado que esto es cierto. La naturaleza pecaminosa es ese vehículo que los caídos explotan. Con mi primer encuentro con Satanás mismo en una guerra espiritual, me hizo mirar más profundo al proceso de salvación y santificación. Lo que encontré es que aunque mi espíritu nació de nuevo, mi mente necesitada libertad de los ángeles caídos, del curso de esta Era y que mi cuerpo y mis emociones necesitaban liberación de los demonios que habían entrado debido al pecado. Hay un entendimiento más profundo a cada una de estas verdades aquí dichas.

No me he cruzado con ninguna persona que no haya necesitado o necesite liberación. La razón para esta conclusión es que nosotros no entendemos los dos caracteres sin nombre en el Nuevo testamento llamados el viejo yo y el nuevo yo. Por lo tanto he colocado estos capítulos en la mitad de mi libro. Nunca tendremos un buen balance y entendimiento del Nuevo Testamento si no llegamos a la profunda verdad de estas naturalezas tanto teológicamente, personalmente y sobrenaturalmente. Físicamente, le pertenezco a esta Era caída. Por lo tanto, mi cuerpo morirá debido al pecado. Por lo tanto, en esta Era de pecado, los caídos tienen acceso a cada ser humano por medio del pecado. No me gusta, pero la teología es correcta y los encuentros así lo muestran. Aquí están las buenas noticias, puedo renovar mi mente y no permitir que los ángeles caí-

CAPÍTULO UNO

dos tengan más acceso a mí. Lo que quiero decir con la palabra acceso es entrada a la mente de la humanidad, Pedro en algún momento estaba confesando la revelación de Dios, entonces un caído vino y Jesús tuvo que reprender a Pedro. Esta renovación es acorde a la completa mentalidad de Cristo Jesús. Incluso estando en el tercer cielo, Pablo dice que aún no lo ha logrado, sino que sigue presionando y avanzando hacia la meta de la completa libertad de mente y cuerpo de los ángeles caídos, demonización y de esta Era caída.

El pecado es la puerta que hizo caer a Adán y a Eva. Aunque Adán y Eva no murieron inmediatamente, el pecado trajo una sentencia de muerte, y obro en sus vidas como una maldición. Como Adán, todos nosotros que somos descendientes, no morimos inmediatamente al pecar. Continuamos viviendo, disfrutando de incontables bendiciones, pero la Era caída maligna está operando desde dentro, trayendo a la luz la muerte física. Cuando los ángeles caídos pecaron, ellos violaron no solo la ley de Dios y sus límites, sino que también pecaron contra Dios. Cuando los caídos acusaron a Adán de pecado, ellos vinieron a estar en contra de la imagen y semejanza de Dios en la humanidad. Esto causo que Dios restringiera a los ángeles caídos a campos (pozos) de oscuridad. La definición para infierno aquí es el castigar al pecador al enviarlo a un campo sobrenatural a un campo conocido por su oscuridad, por no tener fin o por su vacío junto con oscuridad. Los ángeles caídos todavía están trabajando, irredimibles, esperando el fin del milenio cuando juico completo descienda sobre sus cabezas. ¿Cómo sé esto? La definición lo implica, pero la guerra espiritual lo confirma. Esta revelación y la actividad de ángeles caídos de altos niveles tomaron lugar cuando me encontré el ángel Caído vigésimo cuarto en creación de Satanás. De la misma clase un arcángel, pero su orden de creación lo hacía estar un poco más abajo que Satanás. Él es un jugador global que carga falsamente el nombre de Jesús. Y hoy entiendo, que estaba libre de su influencia y de su participación para dirigir el curso de esta Era maligna, pero Él todavía tenía derechos legales en la tierra acorde con las leyes de Dios rotas por la humanidad. Déjame decirlo de esta manera, aquel que está buscando libertad, la recibe pero otros continúan estando cautivos. Tú puedes decir, ¿Cómo es esto posible? O ¿Los lideres me han enseñado que los ángeles malignos están en una prisión esperando por juicio? En el libro de Apocalipsis 20:2, Satanás, quien es una persona y un metáfora para los ángeles caídos, será atado por mil años y entonces será liberado por un corto periodo de tiempo. Esta es la línea en Judas 1:6 que declara que los ángeles (Satanás es uno de ellos) quienes no ocuparon su propio dominio, sino que abandonaron su propia morada, Dios los ha mantenido en ataduras eternas bajo la oscuridad. Los caídos están atados a los pozos o campos de oscuridad, encadenados para el juicio venidero. Miremos más allá en Apocalipsis 20:2-3 se declara que Satanás y sus ángeles caídos serán atados. La definición es atar o amarrar objetos juntos o ligarlos en paquetes. Aquí hay otra pista para los rangos y la estructura del segundo cielo. Estas clases de ángeles que operan acorde a su número de creación, clase y campo, serán atados por grupos. Hablaremos más sobre rangos y números en el próximo capítulo.

CAPÍTULO UNO

He encontrado que en la mayor parte de liberación del segundo cielo; es el desmantelamiento de este grupo. Trabajar a través de ese orden parece ser lo más efectivo. Aunque en el cielo más bajo del segundo cielo, el lograr que aquel que está a cargo de hablar por su clan y sus subordinados junto con él, lo haga, funciona acorde a cómo la corte de Dios lo determine, e incluso suelen irse los demonios que trabajan para ellos. Una cosa que necesito decir aquí, Miguel y sus ángeles en Apocalipsis 12 fueron a combatir a Satanás y a sus ángeles, no fueron lo suficientemente fuertes para quedarse en los campos celestiales, Miguel los venció, y los sacó fuera de la tierra. Entonces la iglesia se involucrará en combate directo pues los ángeles caídos han bajado al campo de autoridad de los hombres, derroten a los ángeles caídos de tal manera que causen la cosecha y el regreso de Cristo Jesús.

Después de 10 años de combatir ángeles caídos, yo creo firmemente que el poder del Espíritu Santo va a ser tan intenso, la libertad vendrá durante la cosecha de los últimos días que forzará una guerra en los cielos luego en la tierra. ¿Sufrirá la iglesia persecución? Sí, ¿habrá santidad y completa gloria? ¡Sí! Con todos estos encuentros personales, ¡creo que solo hay dolores de parto para la guerra que se avecina por las almas de los hombres!

Capítulo Dos
Guerra en los Cielos

Mientras miramos la estructura del segundo cielo, quiero decirles que no tengo todas las respuestas, pero si puedo traer una gran luz a esta estructura invisible que parece ser increíblemente compleja. Debemos siempre recordar que la maldad no es algo, sino ¡alguien! Los ángeles caídos son personas, podemos decir que son seres individuales. Ellos son seres creados con cuerpos angelicales que conservaron aun cuando cayeron. Los ángeles caídos en muchos niveles tiene un amplio rango de inteligencia y poder, acorde con la dimensión y el número de esa dimensión para la que fueron creados. Los demonios por otra parte son espíritus sin cuerpos. La biblia llama a los demonios nefilim o mestizos, la descendencia de los ángeles caídos. Esto determina su maldad y su inteligencia. También acorde a cuál ángel caído engendró al demonio se determina su poder. Esta serie de libros no son para los débiles de corazón, son revelaciones de pasajes de las escrituras que surgieron por medio de los exorcismos.

La inscripción Satanás significa "aquel que resiste o se opone." Sabemos que él no es solamente una persona, sino también una metáfora. Así que podemos concluir, que son los ángeles caídos quienes resisten y se oponen a Dios, Su propósito y a su pueblo. También sabemos que los ángeles caídos calumnian y acusan. Esto sucede en sesiones de ministración, ellos acusan a las personas por el pecado de la humanidad. Ellos le revelaran a quienes entren a estos encuentros que ellos odian a la humanidad. Es en estos encuentros que el ministro debe operar desde los frutos del Espíritu Santo.

Lucifer, ahora Satanás, es uno de los arcángeles jefes y a mi entendimiento, estaba a cargo de un tercio de los ángeles creados. Por lo tanto, Dios Padre hace que ellos digan cosas como; "Soy quincuagésimo (50°) de Satanás." A través del tiempo, la promesa de Dios de revelar el reino de las tinieblas ha llegado con estos indicios de alarde y de orgullo. A través de estos consejos útiles y encuentros de poder, Satanás dirigió a sus subordinados con orgullo y rebelión, lo que resultó en una insurrección. Vemos el motín de nuestro comportamiento pecaminoso, el deseo de hacerlo a nuestra manera. ¡Muestra que la independencia de Dios es el resultado directo del orgullo en forma de rebelión en la humanidad!

CAPÍTULO DOS

Siguiendo la expulsión de un tercio de los ángeles, Satanás y sus ángeles caídos organizaron su propio reino, para poder así reinar como quisieran. Este reino rebelde está en la mitad de los cielos o en el segundo cielo. Aprendemos de Pablo que el segundo cielo tiene cuatro niveles, tronos, dominios, gobernadores y huestes de maldad.

Un principado es un asiento que se ocupa, es un asiento real del estado o un asiento de la Realeza, teniendo un taburete o un mundo, continente, país, estado, territorio (multi-estados) condados, ciudades, organizaciones, iglesias, individuos o gobiernos. Noten que Pablo dice que hay tronos, en plural.

Lo que yo sé hoy en día, los arcángeles, según el orden de su creación (el sistema numérico) y el propósito de su creación (autoridad/poder) se sientan sobre esta Era/Mundo (como satanás). En estos órdenes descendentes de arcángeles caídos, ellos tienes autoridad sobre ciertas partes de esta Era, sobre continentes, ciudades, multi-estados, estados, ciudades, organizaciones, iglesias, familias e individuos. Cada uno de estas estaciones o establecimientos tienen un tribunal o un estrado si deseas llamarlo así; podemos también decirle los mayores. Lo que he encontrados en estos tribunales es de doble filo. Primero, Dios es el único que lo sabe todo y es el que permite que los caídos combinen su inteligencia. Segundo, ellos combinan sus esfuerzos para poder extraer el poder de los pecados cometidos en la tierra ¡Las escrituras nos hablan del poder de la Unidad! Los pecados cometidos en la tierra van dentro de la tierra y los caídos establecen su gobierno.

GUERRA EN LOS CIELOS

"También la tierra es profanada por sus habitantes, porque traspasaron las leyes, violaron los estatutos, quebrantaron el pacto eterno." Isaías 24:5(NBLH)

Este alto nivel de arcángeles caídos como satanás, hasta todos los órdenes descendentes, están influenciando la mente de la humanidad para profanar la tierra y transgredir las leyes de Dios (Su Palabra), para quebrantar las ordenanzas de Dios, el camino que Dios ha diseñado para que el hombre viva, y causar que se rompa el pacto eterno o la comunión con Dios como creador. Entonces Isaías 24:6, dice,

"Por eso, una maldición devorará la tierra, y son tenidos por culpables los que habitan en ella. Por eso, son consumidos los habitantes de la tierra, y pocos hombres quedan en ella."

Estos tronos arcángeles malignos extraen el poder del pecado, maldiciones e iniquidades. Proverbios 29:2 declara, "Cuando la justicia gobierna una nación, todos se alegran; cuando la injusticia gobierna, todos gimen." (CEV)

Mi versión extendida de Efesios 6:12 dice: Porque no tenemos lucha contra sangre y carne (contendiendo solo contra oponentes físicos), no en contra de personas con cuerpo, sino contra poderes cósmicos y/ángeles caídos quienes gobiernan en varias áreas y en ordenes descendientes de autoridad. En contra de los dominadores de esta presente Era malvada, en contra de huestes espirituales de

CAPÍTULO DOS

maldad en lugares celestiales que están ordenados por niveles.

Aquí está mi explicación de mi versión expandida de la jerarquía cósmica:

Esto nos muestra una organización estructural muy alta de niveles y grados acorde a la numeración dentro de cada jerarquía, las cuales están bien organizadas como reinos en cuatro dimensiones diferentes del segundo cielo. Estas diferentes clases de ángeles caídos, dentro de cada una de las cuatro dimensiones tienen un orden de autoridad descendente, diferentes gobernadores y subgobernadores de acuerdo al grado y número de responsabilidades en diferentes áreas de autoridad en el segundo cielo, el cual gobierna sobre la tierra por medio de las mentes de la humanidad.

Por ejemplo, la biblia menciona, "El gran príncipe" Daniel 12:1; "Principales príncipes" o "Jefe de príncipes" Daniel 10:13. Daniel 10.13 es un versículo muy iluminador:

Mas el príncipe del reino de Persia se me opuso durante 21 días; pero he aquí Miguel, uno de los principales príncipes, vino para ayudarme, y quedé allí con los reyes de Persia.

He subrayado las palabras claves para la jerarquía del segundo cielo. En el latín medieval del griego, "jerarquía" era un sistema de ángeles ordenados o seres celestiales. Estamos hablando acerca de un sistema u organización en la cual los ángeles son agrupados o clasificados dentro de un grupo de acuerdo a su orden descendente. Son ángeles que tienen un estatus con autoridad y poder para gobernar. Déjame decirlo de esta manera, están arreglados dentro de un sistema numérico de clasificación acorde a su importancia. Miguel un jefe o un principal, pero solamente un principal de príncipes o jefe de príncipes vino a ayudarlo y asistirlo para romper la oposición o los derechos legales que tenía el príncipe de Persia para que hubiese resistencia. En el ministerio de encuentros de poder, después de 10 años de operar en liberaciones del segundo cielo, los ángeles que trabajan para Miguel u otros ángeles de Dios se presentan o dicen, yo soy el doceavo en el rango de Miguel. En la medida en que Dios derribó a los ángeles caídos, solo mi experiencia en el exorcismo medio la capacidad de por medio de las escrituras ejercer este mal alto nivel de liberación. Trabajar con los ángeles de Dios en niveles tan altos y con la presencia de Dios en esos niveles, me ha ayudado a entender esta jerarquía cósmica.

Justo el otro día me enfrente a un ángel caído que fue entronado (principado/más alto en el segundo cielo). Su nombre era "el portador de luz", y su función principal era torcer la luz de Dios mientras brillaba a través de su cuerpo (ángel caído). Él tenía el derecho de pararse frente a la verdad reveladora y tergiversarla debido a la incredulidad. Este principado, arcángel de alto nivel podía segar la mente de los hombres a través de sus elecciones. "El portador de luz" parece ser capaz de engañar porque la iglesia no ha operado en los frutos del Espíritu Santo enumerados en Gálatas 5:22-24. Veamos la siguiente escritura:

CAPÍTULO DOS

Pero el fruto del Espíritu es amor, gozo, paz, paciencia, benignidad, bondad, fidelidad (fe), mansedumbre, dominio propio; contra tales cosas no hay ley. Pues los que son de Cristo Jesús han crucificado la carne con sus pasiones y deseos.

La batalla fue sobre la crucifixión de la naturaleza pecaminosa. Él fue uno de los tronos sobre América. "el portador de luz" afirmó que América lo deseaba porque la carnalidad de América lo deseaba. "El portador de luz" dijo que tenía derechos legales porque la iglesia era carnal y no había desarrollado los frutos del Espíritu Santo, los cuales traen el poder ilimitado de Dios. El afirmó que la iglesia predica un evangelio basado en ellos mismo. En lugar de tener el deseo de ver el cumplimiento del evangelio dentro y a lo largo de la humanidad la iglesia predicó un evangelio que se autosatisface. Esta es solo una versión muy condensada de lo que sucedió pero un vistazo a la forma en que los ángeles caídos operan. Lidiando con los individuos en lo oculto, ellos llaman a satanás príncipe, no rey. Los reyes son más bajos en mando en el segundo cielo. Ahora noten cuidadosamente, un arcángel caído que gobierna sobre Persia debido al pecado, podía retener probablemente a Gabriel, un arcángel, hasta que Dios envió a Miguel. ¡Miren esto! El arcángel príncipe caído sobre Persia llamó a sus reyes, sus dominios si así los quieres llamar, y el igual del rango inferior o más bajo coincidía con el igual del mayor, por lo que Gabriel fue retenido. Gabriel fue dejado solo con los reyes de Persia. Les daré un ejemplo, si tuvieras un níquel, sería igual a cinco centavos. En la guerra espiritual en los campos celestiales, esto sucede todo el tiempo. Estos dominios igualaron el territorio geográfico que poseía el príncipe de Persia, por lo que Gabriel fue retenido por veintiún días, sometido hasta que llegó Miguel, un príncipe jefe. ¿Por qué vino Miguel? Por las oraciones de Daniel. ¡Hablaré de esto más adelante en este capítulo!

En las escrituras, proverbios 15:22 dice: "sin consulta, los planes se frustran, pero con muchos consejeros se tiene éxito" (NASB) Proverbios 24:6 dice "porque con consejo sabio harás la guerra, y en la multitud de consejeros está la victoria" (NBLH). Eclesiastés 4:9 "mejor son dos que uno porque tienen mejor paga de su trabajo" (RVR60). Podemos ver que hay poder en la unidad, "uno puede perseguir a mil y dos hacer huir a diez mil" (Deuteronomio 32:30). Estos son principios escriturales y sobrenaturales. Cuanta más alta sea la liberación en el segundo cielo, mas debe unirse la iglesia en unidad y en oración. Desarrollar el fruto del Espíritu y predicar el Evangelio de una manera que traiga poder.

Como lo entiendo hoy en día, los diferentes ángeles, buenos o malos, como las criaturas vivientes, serafines, querubines ungidos, querubines, observadores y todos los demás que están bajo las huestes del cielo (todos los ángeles), todos los que operan en los cuatro niveles del segundo cielo. Este es su estatus, numero en rango, sistema y organización dentro de cada nivel. Podemos tener un querubín de más alto rango que un principado o un querubín de rango inferior llamado dominio o pueden ser subgobernadores de estas dimensiones de los tronos y dominios. Igualmente, con tronos y dominios. Su orden de creación dado por Dios de-

CAPÍTULO DOS

termina su nivel, autoridad y poder. No todos lo generales militares hacen las mismas cosas o comandan las mismas bases. ¿Qué distingue a un general de cuatro estrellas de otros? ¿Su fecha de promoción? Esto determina quién es el mayor en mando. Mis hallazgos con las escrituras bíblicas como hijos del Dios altísimo, la biblia los llama dioses, pero su clasificación y rango de trabajo son diferentes. No todos los ángeles caídos actúan igual. Los de nivel inferior parecen jugar a frustrar al ministro, tal como me sucedió la primera vez que me encontré con un caído sin saberlo. Los caídos de nivel inferior, pueden incluso parecer como un demonio para el ministro de liberación. Algunos ángeles de rango más alto buscan que el ministro salga de la postura de humildad o de la corte bíblica para que lo puedan atacar con un juicio legal. Hemos estado viendo en Daniel 10 una presencia poderosa del mal o del terror podría parecer cuando descienden los caídos. Daniel, se mantuvo humilde y su enfoque estuvo en el Señor y por esto la gloria tocó a Daniel.

¡Hemos hablado acerca de los tronos! Los siguientes en la línea de sucesión son los dominios. Los dominios tienen señorío. En Inglaterra, señoría es una forma de expresión para un príncipe o un soberano. En el Reino Unido un título hoy en día denota un compañero del reino. De las diferentes clases o ángeles creados, los dominios trabajan para aquellos que se sientan en los tronos. Los dominios también tienen sub-niveles. Ellos son más gubernamentales sobre la jurisdicción de los tronos, muy similar a los señores que se sientan en el parlamento en el reinado de un rey o reina. Es un título de honor que expresa respeto. La

GUERRA EN LOS CIELOS

Biblia llama a estos reinos o campos, majestades angelicales. 2 Pedro 2:11 dice que los ángeles de Dios no pronuncian juicio de maldición, ellos no blasfeman o acusan trayendo reproches. Aun así escuchamos a Cristianos referirse a majestades angelicales caídas en maneras que expresan reprensión. En una manera que les acusan por su mal, sin darse cuenta, que la carne pecaminosa de la humanidad es en realidad la naturaleza de los ángeles caídos en la humanidad y su derecho legal. Así mismo como Estados Unidos tiene un presidente, senado y congreso, así mismo los dominios que gobiernan para los tronos. Nuevamente, cada uno acorde a su estatus y número de creación.

Los principados son muy parecidos a los gobernadores. En realidad me tomó casi 5 años de investigación y combate antes de considerar darle una definición y descubrir cómo trabajan. La Biblia llama a los principados el principio o el origen, las primeras, o primeras en serie. Pero la palabra principado puede ser usada en general para cualquier pequeña monarquía, especialmente para un pequeño estado soberano gobernado por un monarca de un menor rango que el de un rey. Los principados parecen tener mucho control sobre las regiones. Parecer que ellos gobiernan más municipios, o podemos decir múltiples municipios. Constantemente tienen diferentes montañas, ríos, etc... marcadores geográficos como límites. Los principados caídos malignos ocupan el primer lugar en su gobierno de jurisdicción. Lo que significa que tienen libertad para establecer su propio gobierno maligno dentro de ese municipio, siempre y cuando este en acuerdo con los tronos y los dominios. En otras palabras, ellos tienen que cumplir su

CAPÍTULO DOS

tarea específica pero pueden establecer su propia agenda. Esto se puede ver como un clara imagen en América, y en el reflejo de varias ciudades, pequeñas o grandes; podemos decir, es como un maquillaje o características diferentes en estas diferentes ciudades. Los principados malignos pueden llamar a un principado vecino o pedirle a un ángel caído sobre su rango ayuda en caso que las Iglesias dentro del área empiecen a seguir los patrones de la iglesia primitiva. Los principados, estos son los primeros con los que la iglesia debe lidiar. Los principados sobre las ciudades y el poder de los ángeles caídos sobre la ciudad. La meta de la Iglesia es establecer justicia, esto debilita el gobierno de los principados o del grupo gobernando sobre la ciudad. Transformación en la manera en que la humanidad vive y en las leyes establecidas amenazando así a la expulsión de aquellos ángeles caídos malignos que gobiernan. Miremos nuevamente Isaías 24:5-6.

En lo inferior del segundo cielo, los ángeles caídos que son poderes, realmente parecen afectar el poder mental de la humanidad. Son muy activos en confundir la mente de la humanidad, llevando a cautividad y control la mente de la humanidad quienes deben hacer su voluntad y deben obedecer sus órdenes. Tales como las divisiones doctrinales, clínicas de abortos y así sucesivamente, todo por medio de las mentes de los hombres. Las personas de lo oculto primero buscan obtener poder de los ángeles caídos. Estos son los lectores de las cartas del tarot, psíquicos, aquellos que practican la adivinación. También son la causa de enfermedades físicas que no pueden ser sanadas.

GUERRA EN LOS CIELOS

Esto sucedió en el 2013, Dios me habló mientras me estaba afeitando y me dijo, "Este sábado (en 4 días), quiero que llames a esta mujer para que salga al frente y Me pidas que envíe el ángel caído dueño de la enfermedad." Esta señora tenía hipercoagulabilidad o sangre gruesa, espesa. Su enfermedad estaba empeorando progresivamente. Cuando hay un desequilibrio en las proteínas y células responsables de la sangre, se desarrolla una coagulación de la sangre, causando que su sangre se convierta muy gruesa. Después de compartir el mensaje, la llamé y le pedí a Dios que enviara el ángel caído que tenía derechos legales a su enfermedad en el segundo cielo. Inmediatamente, Dios envió al ángel caído y por medio del combate directo de oración (no de una liberación confrontacional), oración de confrontación, este ángel caído entregó los derechos legales de la enfermedad. Él fue juzgado por medio de una oración de confrontación y fue enviado al Tártaro. Una vez que el juicio vino, la mujer fue sana instantáneamente. Ella no había podido ser sana por ningún ministerio poderoso de sanación. Pues había un ángel caído que estaba fue del dominio de la humanidad, de la tierra, en el segundo cielo, en donde como iglesia debemos pedirle a Dios que lo envíe a juicio para que así el creyente pueda ser sano. Estos poderes, los ángeles caídos son los que más mantienen a los cristianos durante años en sesiones de liberación. El creyente parece ser que nunca es libre. Y es por un poder o potestad angelical caída, y se tiene que lidiar con esto desde la escritura.

La iglesia debe concluir que nuestra batalla es con los ángeles caídos en los campos celestiales y con demonios en

Capítulo Dos

los campos terrenales. Esto involucra a todo el universo. La mayoría de los creyentes están inconscientes de a quién enfrentan. La mayoría de los creyentes no tienen experiencia para echar fuera espíritus demoniacos de alto nivel, mucho menos para lidiar con ángeles caídos. La iglesia se enfoca demasiado en el campo del sentido humano, no en el invisible. Aquí es donde los "portadores de luz" tienen su derecho legal. El resultado del enfoque espiritual del creyente para el etendimiento determina los resultados en cada área de sus vidas y ciudades.

Entendiendo el Campo o reino

En Marcos 9:29, muchos creyentes no tienen ni idea de los que este versículos realmente significa. ¡Mediten esto! Si Jesús nos ha dado autoridad en la tierra para echar fuera demonios, entonces ¿por qué deberíamos orar y ayunar? Sé, debido a años de ministerio, que si no puedo echar fuera a un demonio, es porque no se ha cumplido alguna condición, ya sea de mi parte o de parte de la persona al momento de la ministración. Tengo autoridad en la tierra siempre y cuando sepa contra qué me estoy enfrentando. Debo entender el campo en el que estoy deseando operar. Autoridad es el derecho para actuar. Poder es la fortaleza o fuerza para someter. Entonces, cuando nosotros actuamos con autoridad, el poder está solo para reforzar mis acciones legitimas. La palabra clave en Marcos 9:29 es "clase" o "género". Este género, significa una clase diferente de espíritu. La definición tiene que ver con categoría o clase, basado en una derivación o linaje implícito. El linaje aquí es pariente paterno o un miembro de la familia. ¡Es de una raza, agrupación, clase o especie diferente! Este género significa una categoría de seres que se distinguen por algunas características y cualidades en común. ¿Cuáles son las características y cualidades comunes de los demonios y los ángeles caídos? ¡El mal! En Marcos 9 al igual que la mujer con la sangre espesa, que mencioné anteriormente, nada sucedió hasta que Jesús lidió con el segundo cielo. El error en el pensamiento y la predicación de la mayoría de los creyentes es que dicen que lo discípulos no tenían suficiente fe. Hágase esta pregunta ¿Estamos actuando como los discípulos? Entonces, ¿Qué era lo que pasaba? Ellos no tenían ni idea de esta clase de género de espíritu maligno, los caídos. Hasta este encuentro de poder, Jesús solo les había mostrado a los discípulos los espíritus demoniacos, guerra espiritual terrestre. Jesús les da la siguiente declaración; "este género (clase) sólo sale con oración y ayuno." En el leguaje actual, se debe lidiar con los ángeles caídos por medio de encuentros de poder en la oración. La falta de avances muestra la falta de comprensión, no la incredulidad. He experimentado esto yo mismo. ¡El entendimiento nos lleva a actuar con autoridad, y esto lo podemos ver por medio del poder! Jesús lidio con un ángel caído en la región, probablemente un poder angelical caído, mostrando cómo el que pronto sería Apóstol debe ir estableciendo el Reino. Cuando los creyentes están expulsando los espíritus malignos y nada está sucediendo, es probablemente por su falta de entendimiento o porque las condiciones bíblicas no se han cumplido o hay diferente nivel de guerra, y debemos desarrollar nuevas tácticas. En Mateo 17:20, tener poca fe está relacionado con no tener fe. Hasta que no seamos conscientes del campo en el que

Capítulo Dos

debemos operar, la fe nunca estará allí. ¡No puedo tener fe hasta que tenga la oportunidad de entender de verdad! La fe viene por medio de escuchar la palabra de Dios. ¡Los discípulos necesitaban escuchar a Jesús!

Guerra con Majestades Angelicales

Aquellos que están sintiendo a Dios juzgar a los ángeles caídos que bajan del campo celestial al campo terrestre, entienden los vastos niveles y múltiples niveles del segundo cielo. Estos diferentes niveles tienen órdenes descendentes con cada uno de ellos. Tal como se indica en mi serie de libros, el segundo cielo tiene cuatro niveles principales, y dentro de cada nivel, hay nueve subniveles o clases de ángeles caídos como los conozco hoy. Hay muchas clases o géneros de ángeles caídos, que tienen muchos órdenes descendentes de autoridad, este es mi punto. Los ángeles caídos del segundo cielo gobiernan varias áreas y estos dignatarios espirituales gobiernan a través de las mentes, de la naturaleza pecaminosa y actos de la humanidad. Pablo declara en Colosenses 1:16 NASB 1977:

"Pues en Él fueron creadas todas las cosas, tanto las que están en los Cielos como en la tierra, visibles e invisibles, ya sean tronos o dominios o gobernadores (principados) o autoridades, todas las cosas han sido creadas por y para ÉL."

Para derrotar efectivamente a los ángeles caídos, debemos saber quién, cuándo, qué y cómo. Una cosa es orar por individuos, porque son los pecados e iniquidades del linaje familiar hasta Adán, lo que es combatido en el segundo cielo. Pero la guerra también es sobre los pecados cometidos en la tierra. Por lo tanto, en las regiones y líneas de sangre familiares debemos orar para que Dios remueva esto de nuestra área, por el despertar y para que el evangelismo consuma a la iglesia.

En Efesios 2:2, Pablo declara que Satanás es el príncipe de la potestad del aíre. Satanás es el más alto de los príncipes malvados, pero hay muchos príncipes ángeles caídos haciendo cumplir el gobierno de Satanás. Los príncipes de más alto nivel le ordenan a los primeros tronos, segundo dominios, tercero principados y cuarto poderes o autoridades, para dirigir el curso de esta edad. Estos ángeles caídos trabajan en grupos o clanes en regiones espirituales definidas como "aíre". Hay dos palabras griegas para "aíre". La primera es; "aither", denota la atmósfera más elevada y nunca se aplica al segundo aíre tocando la superficie de la tierra. Mi punto aquí es que los ángeles caídos están bajo el gobierno de Satanás, reclaman dominio sobre toda la tierra, pero gobiernan desde el campo celestial.

Cuando tomo en cuenta Daniel 10 y Colosenses 1, puedo ver un vistazo de la estructura y actividad que desarrolla en los multi-niveles o niveles que a traviesan guerra espiritual. Por medio de escrituras como estas, he llegado a comprender que hay muchos y diversos niveles (hasta el momento nueve) dentro de las cuatro dimensiones del segundo cielo. Hay muchas clases de ángeles, tanto caídos como ángeles santos de Dios que están ubicados dentro de cada dimensión del segundo cielo. ¡No puedo repetírmelo lo sufi-

CAPÍTULO DOS

ciente! También, los ángeles de Dios parecen operar tanto en el segundo cielo como en el tercer cielo. Es la oración que comienza el conflicto, como Daniel. La oración por el plan deseado de Dios para la humanidad comienza una guerra generacional que continuará hasta que regrese Cristo. Cuando la oración se ha arraigado en los cuerpos de los creyentes, entonces la lucha de combate entre los ángeles caídos y la iglesia comienza por las almas de la humanidad. Lo que quiero decir con arraigarse es echar raíz, la mayoría de la asamblea empieza a orar. Dependiendo en cómo la iglesia opere unida sobre regiones, es lo que determina la clase de guerra espiritual que tomará lugar. También me he dado cuenta que la oración invoca un combate en el segundo cielo entre los ángeles santos de Dios y los ángeles caídos. Es un error de la iglesia solo el orar sin cesar, es lo que ha mantenido a los ángeles caídos entronados. Esta es una de las más grande revelaciones que he encontrado en el combate en el segundo cielo. El trabajo de la Iglesia es forzar a estos ángeles caídos cósmicos que bajen físicamente a defender sus niveles y jurisdicciones que gobiernan en la tierra. ¿Qué causa que descienda un caído? La liberación de la humanidad a través de la oración, poder de evangelismo y liberación. Cuando las personas están siendo salvas, la Iglesia no debería traerlas a la congregación hasta que los salvos hayan sido bautizados en agua, respaldado con el poder del Espíritu Santo (hablar en lenguas), y echar fuera demonios y los ángeles caídos. Cuando los caídos bajan y las mentes de las personas están libres, entonces ahí es cuando están listos para entrar a la congregación del Señor.

Efesios 6:12 - Porque no tenemos lucha contra sangre y

carne (contendiendo solo contra oponentes físicos), no en contra de personas con cuerpo, sino contra poderes cósmicos y/ángeles caídos quienes gobiernan en varias áreas y en ordenes descendientes de autoridad. En contra de los dominadores de esta presente Era malvada, en contra de huestes espirituales de maldad.

Esto nos muestra una organización estructural muy alta bien organizada con ángeles caídos en el segundo cielo y espíritus demoniacos en la tierra quienes tienen un orden de autoridad descendente, diferentes gobernadores y sub-gobernadores de acuerdo al grado y numero de responsabilidades en diferentes áreas de autoridad en el segundo cielo.

Trabajemos por medio del relato de Pablo acerca de la guerra espiritual. ¡Primero está la palabra "nuestro"! esto se refiere a algo que será hecho a lo largo de esta Era maligna. Serán las luchas de las Iglesias y Cristianos contra los niveles del reino del diablo. La lucha libre es un combate entre dos en donde uno intenta derrotar al otro, y se gana la batalla cuando el vencedor es capaz de sostener al oponente con las manos en el cuello. En la lucha libre, el control del cuello y cabeza lo es todo. Es por esto que la persona que a traviesa una liberación de ángel caído siente tensión y opresión de diferentes maneras desde el cuello hasta la cabeza. Está definición es de un enfrentamiento o concurso en el que los individuos, los equipos y las personas compiten la una contra la otra. Es esto lo que Pablo desea que la Iglesia sepa, esta competencia entre las múltiples facetas del reino de las tinieblas y la Iglesia de Dios es una campaña que involucra el acto de participar en un combate cuerpo a

CAPÍTULO DOS

cuerpo en la medida en que esta Era maligna exista.

No luchamos contra la humanidad, sino contra los ángeles caídos en el segundo cielo quienes tienen poderes cósmicos dentro de las diferentes áreas de la tierra. Pablo está hablando de la humanidad teniendo luchas mentales y con sus emociones para traer a ellas diferentes niveles de sufrimiento mental. Este sufrimiento mental proviene de los ángeles caídos; esos pensamientos o bombardeos mentales son en contra de los destinos, llamamiento o dones. El diseño es tergiversar la verdad para que uno pueda creer la mentira. Las mentiras en las mentes están de tal manera que causen que la persona se rinda y no busque seguir el plan de Dios para su vida. Tergiversar o distorsionar al tal punto que los ángeles caídos puedan burlarse del individuo o de la Iglesia. Estás revelaciones no son definiciones Bíblicas, sino definiciones que pueden ser dadas por medio de encuentros de poder. Los ángeles caídos desean entrelazarse o tejer sus pensamientos dentro de la mente de la humanidad para así porder dirijir y controlar el movimiento y curso de esta Era maligna. Entonces, no estamos guerreando en contra de personas con cuerpos, sino en contra la mentalidad de la humanidad que está siendo controlada por los ángeles caídos quienes han ordenado a los demonios que los posean. Cuando los ángeles caídos dan órdenes y envían a los demonios, ellos protegen a esos demonios. Esto ha sucedido muchas veces en sesiones de exorcismo. Los ángeles caídos están comprometidos a que ciertos espíritus permanezcan en el linaje familiar para así poder controlar a las generaciones futuras, así que ellos bajan a bloquear la liberación. Recuerden, este es un ejército que está comprometido en remover a Dios de Su propia creación.

¿Cuál es la definición de ángel caído? Los caídos se definen como los primeros, principales o líderes. Ellos son jefes o primeros e tiempo, es decir, primeros en creación. Los caídos son el principio, lo que significa; los que pecaron primero e iniciaron esta Era maligna. Ellos se llaman a sí mismo "caídos" y la definición dice que ellos son los antiguos, reyes, capitanes y príncipes. La Biblia dice que ellos son majestades angelicales o seres celestes. Son dignatarios en posiciones exaltadas. Los caídos se consideran importantes por su alto rango y su cargo en la creación original. De ninguna manera son demonios o principados demoníacos. Los principados demoníacos no están definidos en las escrituras y aquellos que hablan o escriben al respecto, lo hacen por presunción. El cuerpo de Cristo ha tenido suficientes pensamientos o ideas que uno puede llegar a creer que son verdad, pero en realidad no lo son. No adoptemos una actitud, creencia o declaración en particular hasta que hayamos tenido suficientes encuentros de poder para correctamente dividir las escrituras. Entiendo a lo que estos escritores se están refiriendo, pero al creer esta declaración de principados demoniacos puede dar lugar a una falsa creencia o falso poder y autoridad.

Así pues los cielos y la tierra fueron completados, y todas sus huestes (todos sus habitantes). Génesis 2:1 (V. Amplificada)

Los habitantes a los que hace referencia la Biblia son a los ejércitos angélicos. La definición los llama tropas angélicas

CAPÍTULO DOS

según su orden y número. Este ejército de multi-niveles de guerra está muy bien organizado y cubre toda la creación dentro de cada una de sus dimensiones. Estos ejércitos angelicales son ambas cosas, luz y oscuridad. Unos luchan por orden del Dios Padre, y las otros luchan por orden del trono gobernante dentro de esa jurisdicción.

Estos tronos malignos, dominios, principados y autoridades/poderes son extremadamente oscuros y malignos. Ellos tienen una fuerza y poder increíble. Isaías 40:26 dice que Dios trae consigo y cuenta a sus huestes o ejércitos angélicos. Isaías se está refiriendo a los ejércitos angelicales y noten que ellos están enumerados. Recuerden, Satanás lideró una rebelión y un tercio de los ángeles cayó, describiendo esta Era. Este sistema numérico que he encontrado parece señalar o llevar al número de soldados que el ejército de las tinieblas ha convocado para que se enfrenten. En muchos encuentros de poder, estos ángeles caídos malignos vienen a juicio, y anuncia su rango y posición dentro de este sistema numérico.

En Mateo 12:29 Jesús habla de la casa del hombre fuerte. Esta casa es una morada que sirve de vivienda para una o más familias. El hombre fuerte se reporta al ángel caído gobernante sobre su jurisdicción de autoridad. Judas verso 9 habla sobre esta área de autoridad. Las familias de las que se habla la definición son acerca de los sub-gobernadores que ayudan a imponer su dominio sobre el territorio. Ya sea que el hombre fuerte sea un demonio dentro del cuerpo humano, o llegue a ser el mismo Satanás como el dios de esta Era maligna, esto todo acerca del control territorial a través de la justicia o el pecado.

F.F Bruce, comentador bíblico escribe en alguna parte de sus escritos que cuando leyó en la Biblia Septuagint (LXX) en Deuteronomio 32:8 encontró lo siguiente;

Cuando el Altísimo dio a las naciones su herencia, cuando el separó a los hijos de los hombres, Él estableció los límites de los pueblos según el número de los ángeles de Dios. Deut. 32:8 (Septuagint LXX)

Nuevamente la palabra número sale a flote. Con más de mil encuentros de poder con ángeles caídos, he encontrado dentro de cada territorio geográfico que se está bajo los gobernantes caídos, los ángeles caídos están enumerados de acuerdo con su rango de creación, y de acuerdo a con su posición de autoridad dentro de ese segundo territorio.

Cuando examinamos la traducción de Deuteronomio hecha por la B. Septuaginta, vemos primero un reinado global, segundo, un reinado nacional, y territorios individuales dentro de cada nación. Esto también lo encuentro verdadero debido a los encuentros con los ángeles caídos. Una de las definiciones de ejército en Génesis 2:1 es, huestes, séquito celestial. Así como he encontrado en la liberación demoniaca, también he encontrado en liberaciones de ángeles caídos que ellos actúan en equipos. El grupo, clan o séquito de ángeles caídos parecen trabajar juntos, aumentando su inteligencia y poder. Parecen trabajar como abogados planeando cómo cumplir con su asignación que ha sido dada por los que están arriba de ellos y a su vez estos

CAPÍTULO DOS

le ordenan a los que están bajo ellos. Los príncipes sobre las naciones parecen ordenar a los reyes, y a su vez los reyes a una nación o estados más pequeños que parecen ordenar a los capitanes sobre las divisiones o marcas territoriales como ríos, cadenas montañosas hasta las líneas estatales de los condados. Hay príncipes principales, príncipes, reyes y capitanes. Pero cada príncipe jefe o príncipe principal tiene sub principales, y así sucesivamente. Esta es la razón por la que tardé 10 años en desvelar o revelar esto, de hecho siento que solo estoy tocando la superficie. Algunos ángeles son territoriales, algunos están sobre instituciones (logias masónicas) por ejemplo, algunos son permitidos en iglesias y otros están en los linajes sanguíneos y así sucesivamente.

Recuerden lo que dije antes, esto representa un reino altamente estructurado de ángeles caídos en el segundo cielo que tiene órdenes descendientes de autoridades y diferentes gobernantes y sub gobernantes responsables de diferentes áreas de autoridad en el segundo cielo y la tierra.

"Las casas de Jerusalén y las casa de los reyes de Judá, serán inmundas como Tofet, todas las cases en las cuales se quemaron sacrificios de incensio para las huestes celestiales (sol, luna, estrellas), y donde se han derramado ofrendas de bebida a otros dioses". Jeremías 19:13 (V. Amplificada)

Jeremías declara que los cuerpos celestes, como huestes celestiales se convirtieron en objeto pagano de adoración. En el Antiguo Testamento, los cuerpos celestes y las referencias de los ejércitos angelicales parecen fusionarse o mezclarse. Los dos significados de la palabra hebrea para

GUERRA EN LOS CIELOS

"huestes celestiales" "ejércitos celestiales" reflejan una asociación entre los ángeles, las estrellas y los planetas. Si hay alguna asociación entre los ángeles y las estrellas, y planetas acorde al hebreo, observen cuidadosamente Génesis 1:16

Dios hizo dos grandes lucero – el más grande (el sol) para que gobernará el día, y el menor (la estrella) para que gobernara de noche; Él hizo las [galaxias de] estrellas [estás son, todas las cosas asombrosas en los cielos]. Génesis 1:17 (V. Amplificada).

¡Observen, se crearon en grupos y ordenes acorde a la cuenta de su creación! Esto lo veo en los encuentro de poder. Recuerden que Pablo Colosenses1:16, visibles e invisibles. Dios, al llamar a este ejército oculto "las estrellas", la Biblia invoca las antiguas identificaciones de los ejércitos angélicos.

Vino Betsabé al rey Salomón para hablarle por Adonías. Y el rey se levantó a recibirla, y se inclinó ante ella, y volvió a sentarse en su trono, e hizo traer una silla para su madre, la cual se sentó a su diestra. 1 Reyes 22:19 RVR60

En el Salmo 82, estos ángeles caídos son llamados "hijos de Dios" o "hijos del Altísimo". En Job 38:7 son llamados "hijos de Dios" o "estrellas de la mañana". Cada uno diferente en clase, rango, creación, grupo y número. En 1 Reyes 22:19-23, Yo señalo que se está discutiendo una estrategia militar y que un ángel caído se presenta como un espíritu engañoso en la boca de todos los profetas de Acab. Este ángel caído tenía que ser lo suficientemente alto en la estruc-

CAPÍTULO DOS

tura para poder influenciar de esa manera a una nación.

¡No quiero que nadie se pierda lo que está pasando aquí! Cuando Dios concibió las naciones y predeterminó su herencia, Él estableció ángeles sobre la creación y lo hizo en forma descendente. Dios asignó ejércitos angelicales sobre la creación, naciones, estados, regiones, ciudades, instituciones y linajes de sangre, familias y/ grupos de personas.

Jeremías dijo que los hebreos sabían de estos dioses o ángeles caídos y los adoraban. Dios colocó ejércitos angelicales a lo largo de los cielos y la tierra. No hay nada creado a lo que Dios no haya asignado ángeles. Cuando un terció pecó y cayó, estos ángeles caídos mantuvieron sus posiciones de autoridad, como nosotros, fue su naturaleza la que cambió. Sólo déjame añadir algo más, si tú crees que los ángeles caídos son demonios de alto nivel, entonces sé que nunca te has enfrentado a ellos en una guerra espiritual. En el momento en que alguien le habla a un ángel caído como un demonio, es ese el momento en donde su vida está en peligro. Ve y lee mi primer libro llamado, "Explorando los Secretos de los Campos Celestiales/Misterios del segundo cielo".

La Oración de Daniel

Al mirar nuevamente Daniel capítulo 10, encontramos a Daniel en un estado de luto, ayunando por 21 días. Recuerden lo que Jesús dijo, esta clase o género solo sale con oración y ayuno. ¿Sale de dónde? ¡De la mente! Daniel

GUERRA EN LOS CIELOS

había sido conmovido por Dios a una tristeza profunda debido a la desolación de la ciudad de Jerusalén.

En aquellos días yo Daniel estuve afligido por espacio de tres semanas. No comí manjar delicado, ni entró en mi boca carne ni vino, ni me ungí con ungüento, hasta que se cumplieron las tres semanas. Daniel 10: 2-3 RVR60

Mientras Daniel buscaba una respuesta de Dios, Gabriel el arcángel quien era de menor rango que Miguel, lo visitó. Recordemos también antes de seguir avanzando, que Daniel 10 al 12 son una sola revelación continúa de eventos. ¿Qué está en juego aquí? El futuro de Israel. Era el deseo de Daniel saber qué iba a hacer Dios con Israel. Israel se había separado de Babilonia, y el corazón de Daniel tenía carga por los programas de reconstrucción del templo y la muralla.

Cuando Daniel ora, un hombre justo, por medio del ayuno y la oración desata un batalla cósmica que involucra a los principales príncipes, príncipes y Reyes del más alto orden angelical. Esta batalla no fue solamente por el futuro de Israel, sino por el tiempo profético mismo. Incluso la permanencia de Persia estaba en juego. ¡Daniel había recibido revelación concerniente con una gran guerra! La oración de Daniel fue escuchada desde el primer día, pero Gabriel tuvo que pasar por el segundo cielo. Gabriel fue resistido o tuvo oposición por el arcángel maligno llamado príncipe de Pesia, y fue detenido o mantenido cautivo por una fuerza igual, los reyes (plural) de Persia. ¡Esta es una guerra de arcángeles! Algunos de estos arcángeles

CAPÍTULO DOS

eran arcángeles entronados de menor rango llamados reyes. Algunos otros eran arcángeles de más alto rango. Parece que había suficientes reyes para igualar al arcángel Gabriel, como dije antes. Esto también lo veo en los encuentros de poder, y debo pedirle a Dios que envíe ángeles de mayor rango para poder lograr rompimiento. Estos ángeles caídos entronados luchan contra los arcángeles entronados de Dios. Una batalla cósmica de proporciones épicas. El príncipe de Persia debía resistir a los ángeles de Dios y hacer que su reinado se cumpliera sobre el rey de Persia. Hoy en día no es diferente.

Recuerden la definición de arcángeles es gobernantes o príncipes principales/jefes. También comenté que los príncipes sobre naciones parecen ordenar a los reyes, y los reyes sobre una nación parecen ordenar a los capitanes sobre los territorios. También quiero decir, que hay un arcángel gobernante sobre una nación junto con muchos otros arcángeles sub-gobernantes sobre esa misma nación. Esta batalla ocurrió porque un intercesor profético sintió el corazón de Dios y se humilló a sí mismo por la voluntad de Dios. Sólo piensa lo que la Iglesia podría lograr con un corazón como el de Daniel.

Veamos una clase o género más de majestad angelical acorde a la escritura; el rango de capitán. En Josué 5:14, la versión NBLH dice, "no, más bien yo vengo ahora como capitán del ejército del Señor". La batalla de Josué fue por Jericó, una ciudad dentro de un territorio. Las versiones King James, NBLH usan la palabra "capitán". En las primeras páginas de este capítulo dije, "esto representa una organización estructural muy alta de niveles y grados acorde a la numeración dentro de cada jerarquía". También hablé sobre los príncipes principales, príncipes, reyes y capitanes, esto es solo un pequeño desglose de la estructura angelical maligna.

Los ojos de Josué son abiertos para ver a un ángel de Dios que tiene un rango de capitán y está al mando de un ejército angelical. Este capitán tenía un mensaje para Josué, él le dijo que Jericó sería entregado a manos de Josué, que él debe marchar alrededor de la ciudad con todos los hombres armados por seis días. Josué debe tener frente al arca siete sacerdotes que lleven trompetas y cuernos de carnero. El séptimo día deben caminar alrededor de Jericó siete veces con los sacerdotes tocando las trompetas y el último toque de la trompeta tendría que ser largo, y ahí el ejército debía dar un grito grande, fuerte y largo para que las paredes se derrumbaran, aquí tenemos lo visible y lo invisible. El minuto que Josué e Israel obedecen a Dios, comenzó la guerra invisible de los ejércitos angelicales. La guerra entre el capitán y su ejército en contra del capitán de los ángeles territoriales caídos y su ejército dentro de las regiones geográficas de Jericó. Después que el ejército de las tinieblas fue derrotado, Dios le ordenó al capitán que destruyera su fortaleza o que derribara el muro. Es por esto que la oración es tan importante en nuestras ciudades, registrando o almacenando datos/ lugares de pecado y orando por un mover de Dios, y hacer evangelismo de poder a esas áreas por las que se han orado. Debemos caminar en oración y en el evangelismo de poder hasta que se dé lugar al rompimiento. Una vez que llega este rompimiento, en-

CAPÍTULO DOS

tonces podemos atacar con toda la fuerza. Nos dirigimos a las empresas cristianas para que vayan y hagan evangelismo de poder dentro de los lugares orados, y Dios responderá con señales y prodigios.

CAPÍTULO DOS

Capítulo Tres
GUERRA ESPIRITUAL

Hay mucho material impreso que declara que como cristianos hemos nacido dentro de una guerra. Esta guerra es entre el reino de las tinieblas y el reino de la luz. Sin embargo, hay muy poco material sobre el vasto tamaño y la enorme misión que enfrenta el cuerpo de Cristo. Algunos nos dicen a través de mensajes toda clase de creencias y métodos acerca de la guerra espiritual por ejemplo, algunos dicen que los demonios no pueden poseer a los cristianos. Otros dicen que los demonios se atan a las personas. Incluso otros dicen que no debemos confrontar al maligno o simplemente que las maldiciones no nos afectan ni influyen en los cristianos. ¡Hay muchas creencias como estas! No estoy seguro de cómo la gente sale con esta clase de teorías, pues está claro en las Escrituras que debemos lidiar con todo lo que se menciona anteriormente. La mayoría de los cristianos, tienen o están bajo posesión demoniaca, maldiciones y derechos legales por medio de su carne y pasadas generaciones. Hay dos ministros de liberación que tienen unción mundial sobre ellos. Uno ya se ha ido a descansar con el Señor, Derek Prince. El segundo es Bob Larson. Él todavía está echando fuera demonios. Ambos tienen un nivel legítimo de santa unción, pero son completamente diferentes. Así como cualquier estudiante de la biblia debería, he tomado de ambos ministerios y los he combinado para el mío. Al hacer esto, Dios me ha promovido. De lo que tomé de su generación (Derek/Bob), en esto me he basado para construir y ahora Dios me tiene lidiando con ángeles caídos del segundo cielo, cosa que ellos no hacían. ¡Entonces, miremos algunas escrituras y encontremos el balance a través de la verdad!

En Lucas 11:24-26 ahora ¡Jesús declara cuando un espíritu inmundo sale de un hombre! Primero, Jesús no hace distinción entre diferentes clases de hombres salvos o no salvos. Jesús simplemente dice que el espíritu maligno sale o se va fuera de. La definición lo describe de muchas maneras, como alejarse o partir; incluso ser separados de. Pero me gusta la definición de J.P. Louw y E.A. Nida; significa moverse fuera de un área cerrada o de una bien definida dimensión de dos o tres áreas para abandonar desde dentro. Incluso la definición bíblica de Fuerte dice que el espíritu inmundo o maligno de parte de un lugar o es expulsado o sacado fuera. William MOUNCE, en su diccionario de palabras del antiguo y nuevo testamento dice, expulsar es la acción de sacar fuera, y constantemente esto indica un

CAPÍTULO TRES

acto de expulsión violenta. ¿Suena eso a que el espíritu maligno está atado o por dentro? ¿Esto suena a que si nos acercamos lo suficiente a Jesús, ellos simplemente se irán? ¿Suena esto como si la verdad de la palabra de Dios nos hiciera libres sin necesidad de expulsión o sin necesidad de echar fuera? Aquí hay un hecho, sabemos que los demonios no entran a menos que haya una maldición o un derecho legal. También sabemos cómo dividir la Palabra de Dios correctamente, así como en Ezequiel 18:1-2, hablan de maldiciones generacionales y luego a partir del versículo 3 en adelante pasa la conversación hacia que cada individuo es responsable de sus decisiones y acciones. Estas son las simplicidades de la Palabra de Dios.

Si ustedes y yo pudiésemos realmente entender el Nuevo Testamento, rápidamente descubriríamos que nuestro hombre espiritual, si nace de nuevo, pertenece a la Era que está por venir. Jesús deja este punto muy claro, y sin lugar a dudas lo aclara en el capítulo 3 del Evangelio de Juan. Gracias a Romanos 12 sabemos que nuestra mente está siendo renovada o lentamente regenerada, y restaurada para que así podamos operar como creyentes en esta Era maligna, con el poder de la Era que ha de venir. Las epístolas nos dicen que nuestro cuerpo está muerto a causa del pecado, o podría decirse que le pertenecemos a esta Era maligna o al dios de esta Era. ¿Por qué crees que el diablo estaba discutiendo con Miguel por el cuerpo de Moisés? Nuevamente, la simplicidad del Evangelio siempre es la mejor. ¡Nuestro cuerpo pertenece a esta Era maligna a causa del pecado y la maldición, la muerte! La simple verdad es, nuestro cuerpo, la carne, responde a esta Era maligna. La condición de la carne, le pertenece a los ángeles caídos y Satanás, que son los dioses de esta presente Era de oscuridad.

El Evangelio nos dice que cuando Jesús venga a establecer el Milenio, los que creemos en Cristo Jesús recibiremos cuerpos perfectos sin pecado. En este tiempo nuestros cuerpos responderán a la Era venidera. Hablaremos más sobre esto en el capítulo del viejo yo y el nuevo yo. Pero si nosotros no entendemos a nuestros dos yos, entonces vamos a creer y hacer declaraciones como el que un cristiano no puede ser demonizado o que los demonios están unidos, o que los creyentes no pueden ser maldecidos o que los cristianos han sido completamente libres por encima de la salvación. Pensamientos procesados de esta manera no logran comprender el cristianismo posicional y condicional, y a modo de creencia personal, niegan el mensaje del Nuevo Testamento sobre el viejo yo y el nuevo yo.

¿Qué querían decir Louw y Nida en su definición al decir que es como salir de un área cerrada de dos o tres dimensiones? Primero, los demonios y los ángeles caídos afectan el cuerpo y la mente. Hay dos verdades aquí, los demonios consideran a los cuerpos humanos su casa y tienen el deseo de operar a través de la voluntad y las emociones humanas. Los ángeles caídos consideran las mentes de los hombres como de su posesión y no buscan la posesión corporal como lo hacen los demonios para poder hacer su trabajo. Los ángeles caídos tienen cuerpo, los demonios son espíritus incorpóreos. Para más información sobre este tema vaya a mi primer libro titulado "Explorando los secretos de los reinos celestiales".

CAPÍTULO TRES

Por lo tanto, un área de demonización de dos y tres dimensiones está escalonada dentro de una persona y/o dentro de los miembros de la familia. El mismo demonio en uno de los miembros de la familia podría estar en todos los otros miembros de la familiar, especialmente si es un demonio generacional, esto es dimensional. Ese mismo demonio con su grupo quienes trabajan para él, puede estar también escalonado o tener una serie de niveles, especialmente si es generacional en la persona o familia. Esto es lo que Louw y Nida definen como bidimensional. Pero la tercera dimensión agrega un componente o elemento con una imagen más amplia. Hay ciertos demonios que vienen y van de las personas o miembros de la familia. Por lo general, estos también están escalonados o en diferentes niveles, pero tienen derecho a viajar o moverse con otros miembros de la familia. Sin embargo también tienen derecho a poseer a toda la familia al mismo tiempo.

Cuando hablamos de dimensión, los ejemplos siempre son útiles. ¡Déjame date un ejemplo! En la medida en que la luz pasa a través de un prisma, la luz se divide en muchos colores. ¡Déjame decirlo de esta manera! Ya que estamos hablando de la tercera dimensión, la luz que pasa a través de un prisma triangular causa ondas con diferentes longitudes de luz que se dispersan dejando el prisma en diferentes ángulos, creando un efecto de arco iris. Digamos que la luz del sol entra en un prisma triangular reflejando el rojo, naranja, amarillo, verde, azul, índigo y violeta, los colores del arco iris. Solo puedes ver un arco iris si el sol está detrás de ti y la lluvia frente a ti, la liberación efectiva no puede tener lugar a menos que entiendas esta verdad ¿Qué verdad? La verdad de que la mayoría de los demonios están escalonados y son dimensionales.

En esta verdad de la tercera dimensión el demonio busca establecer muchos niveles al igual que se forman los muchos colores del arco iris. También hay otro elemento a estas dimensiones. Los demonios tienen la capacidad de fragmentarse o separarse al ser expulsados. A esto también le encuentro una definición bíblica, recuerda la definición, estar o ser separados de. Los demonios que son expulsados están buscando que algo haya quedado incompleto en la sesión de ministración donde ellos puedan entrar a irrumpir o fragmentar. Los espíritus malignos operan en dimensiones que nosotros no, por lo que la importancia del aprendizaje y la comprensión bíblica viene a través de los encuentros de poder. En pocas palabras, podríamos decir que queda una parte de todo el demonio, o un pedazo de todo su ser es dejado dentro y esto crea una puerta para que este pueda volver a entrar. Los espíritus malignos tienen que ceder el terreno tomado en la sesión de liberación, pero sino se cubre todo, vendría a ser como poseer un acre de tierra, y que parte de ella no esté despejada para propósitos de vida.

¿Por qué los demonios luchan así y se separan esperando poder volver por esa puerta? Porque tras la expulsión viajan por un camino espiritual que conduce al infierno, el pozo. Su viaje los lleva a través de regiones del infierno, los diferentes niveles del infierno o del pozo, hasta que alcanzan su tormento asignado por el mal que han hecho. Los demonios expulsados pasan por lugares secos hasta el Ha-

CAPÍTULO TRES

des, hasta la prisión subterránea de castigo. Los demonios expulsados dicen entonces, la casa o el cuerpo humano está vacío, barrido y en orden, regresaré. A través de la puerta abierta, al no terminar la liberación en diferentes dimensiones o por medio del retorno al pecado, pueden volver, pues la persona no ha buscado la santidad ni creció en la Palabra de Dios, ni buscó la libertad total, a esos demonios se les permite regresar y traer a los más malvados con ellos. El número siete es uno de los números más significativos de la biblia porque es el número de la perfección espiritual. Siete es el número que está estampado en cada obra de Dios. Entonces, la cantidad total de demonios que regresan son acorde a lo que Dios obró en ti o hizo por ti y a la falta de búsqueda espiritual de nuestra parte. ¡Esto no es un chiste! Nuestra falta de gratitud, mas la cantidad de la gracia de Dios que trae libertad es igual o equivale a la cantidad total de reposesión. ¿Qué causa esta reposesión? ¡El pecado o la falta de voluntad para terminar! Después de la expulsión, hay un periodo de descanso, pero la mayoría no lo entiende, la cantidad de pecado en nuestra vida anterior, más la cantidad de tiempo que se cometieron esos pecados, equivale a la cantidad de liberaciones que uno necesita. Estos son hechos probados durante el tiempo de ministración y por la capacitación que he recibido de mi Padre Espiritual. Después de 20 años de ministerio, esta es la respuesta más simple.

Las personas que pasan por liberación deben entender la batalla o lucha interna. La búsqueda de la libertad se hará más difícil si la persona no obtiene tiempos de ministración rápidamente cuando la batalla interna vuelve a comenzar. Los pensamientos vendrán, los deseos también vendrán. Parece ser una falta de voluntad para uno mismo decir, yo necesito otra sesión de ministración durante mi caminar hacia la libertad. ¿Por qué? El espíritu maligno convence ahora al individuo de que todo está bien. El que continúa en su libertad pasará por una batalla interna que se puede volver muy intensa, el cambio o el balance de la guerra dentro de la mente empieza a jugar en contra de la persona que está deseando su libertad, pues los espíritus malignos están perdiendo la guerra, perdiendo territorio, y el ejército maligno está siendo desmantelado entonces debe haber un ataque o contraataque. Cuando sea este el caso, yo les recomiendo una intensa sesión de liberación de ocho horas. ¡A esto lo llamo todo guerra! Incluso he tenido tres días de ocho horas con personas ¡Nos vamos con toda hasta que el enemigo salga en retirada!

Al mirar de cerca Lucas 11:24-26, noten la enseñanza de Jesús, Él dice que el demonio llama a nuestro cuerpo su casa ¿Acaso eso no suena a demonización? El diccionario Strong dice que una casa es una estructura u hogar inhabitado. Es una morada del cuerpo humano donde los demonios la poseen como vivienda. Las palabras claves aquí en esta definición son ¡cuerpo humano! Jesús dice que el estado postrer de ese hombre, será peor que el primero. Jesús se refiere a una sucesión temporal o lo que queda después de que el resto ha sido conquistado. Después de que los demonios regresan a su hogar y reclaman su territorio, parece haber un orden cronológico de eventos que causan un proceso continuo de entregarse a otro; a esos que son más malvados que el primero. También encuentro esta definición

CAPÍTULO TRES

muy cierta a la hora de combatir espíritus malignos. ¡Lo temporal es de esta Era maligna! Los demonios que fueron echados fuera, regresan y reposeen el cuerpo humano, y los más malvados vienen a crear un orden de eventos para causar una posesión más profunda y continúa de nuevos terrenos. Esto también lo he visto muchas veces. Las personas están empeorando debido a que caen de nuevo en el mismo pecado, ¡E incluso pecados más y más profundos!

Luchando Contra El Mal Apropiadamente

Veamos el último Capítulo en Efesios 6:12 en dos versiones diferentes:

Por qué no tenemos lucha contra carne y sangre, sino contra principados, contra potestades, contra los gobernadores de las tinieblas de este siglo, contra huestes espirituales de maldad en las regiones celestes. (RVR 1960)

Mi versión expandida. Pues nosotros no estamos teniendo un combate de lucha contra carne y sangre (contendiendo solo con oponentes físicos), no contra personas con cuerpo, sino contra poderes cósmicos y/ángeles caídos quienes gobiernan en varias áreas y en órdenes descendientes de autoridad. En contra de los dominadores de esta presente Era malvada, en contra de huestes espirituales de maldad en lugares celestiales que están ordenadas por niveles.

Quiero que empecemos enfocándonos en la palabra lucha. Esta palabra lucha nos muestra cuán intensa debe ser la guerra espiritual. Es bueno pasar por el arrepentimiento, renunciar a los derechos legales, renunciar a los derechos legales, romper las maldiciones, y la liberación sin confrontación, pero eventualmente, debe haber un enfrentamiento.

La palabra lucha en el griego antiguo es "pálido" que significa luchando, batallando o combate mano a mano. También sabemos que del griego "pale" (pálido) es de donde los griegos derivaron la palabra "palaestra". Palaestra era un gran palacio de deportes de combate ubicado en el centro de la ciudad. ¿Qué nos revela esto en el campo invisible? Nosotros vemos diferentes clases de deporte o diferentes clases de guerra espiritual. Esto le muestra al creyente que habrá muchas luchas o batallas cristianas con las diferentes clases de mal y los poderes de múltiples capas malignas. Una de las definiciones del Lemma es una escuela de lucha y ejercicio. El soldado cristiano debe entender que en el exterior, la "palaestra" parecía un palacio, pero en el interior era una escuela de guerra. Esta es la imagen de cómo se ven la mayoría de los creyentes. En el exterior se ven como si su vida cristiana estuviera perfecta, pero en el interior, ¡están en guerra! La mayoría no saben de dónde vienen estas intensas luchas mentales y emocionales.

La mayoría de los creyentes eligen negar que el mal resida con ellos. Eligen no creer que espíritus malignos ocupan y poseen partes de ellos dentro de su estado mental y emocional. Estos espíritus malignos pueden estar tan integrados en la personalidad de las personas, que realmente creen que son así, un rasgo de su personalidad. Sí, la mayoría de

CAPÍTULO TRES

los creyentes se involucran en alguna clase de intensas luchas a través de los vicios y estos vicios deberían hacerles saber que las fuerzas del más están luchando dentro de su miembro, el palacio. Cuanto más fuerte sea la oposición en la voluntad del hombre, o el campo de la tentación, más grande es el espíritu maligno. Es responsabilidad de los santos madurar y comprender que lo que no es visible, si se puede ver en las emociones y el comportamiento la rectitud o el pecado. Ya sea que luchemos en el interior en nuestras mentes, voluntad, emociones, o si estamos afuera en guerra a través de la persecución, la incredulidad, o los comportamientos opresivos de los demás, Pablo dice que no es contra la carne y la sangre sino contra el espíritu.

En la época Romana, estos dedicados atletas cultivaban sus habilidades mañana, tarde y noche. Ellos eran muy comprometidos, determinados y los más valientes de su tiempo. Esta dedicación al entrenamiento y trabajo duro era respetada por todos los que los observaban. Debido a lo que estos atletas hacían, ellos eran hospedados en el palacio. ¿Puedes imaginarte el campo invisible y a lo que Pablo se está refiriendo? Pablo está diciendo que los ángeles caídos y los demonios están dedicados, trabajan continuamente y están listos para defender su palacio, el cuerpo humano y partes de la mente no renovada.

Había tres clases primordiales de atletas, boxeadores, luchadores y deportistas de combate. Esto muestra a aquellos que hacen liberaciones que hay diferentes clases de demonios y de ángeles caídos. Los boxeadores en el primer siglo, no eran como los boxeadores de hoy. Eran los más temidos, porque era algo extremadamente violento. El boxeo de ese tiempo involucraba tal daño físico, que eran obligados a usar cascos protectores. Muy pocos boxeadores vivieron lo suficiente como para retirarse, la mayoría murieron en el cuadrilátero. Estos boxeadores del primer siglo usaban guantes con cuchillas de aceros y puntillas clavadas que sobresalían para así hacer heridas más profundas en la piel de los oponentes. La mayoría de los rostros, orejas y narices de los antiguos boxeadores griegos estaban deformadas. Los boxeadores de esta época no tenían reglas, eran un combate cuerpo a cuerpo, no habían rondas para detenerse y descansar. Continuaba hasta que uno de los dos se rindiera o muriera en el cuadrilátero.

La lucha del primer siglo era una contienda entre dos, donde cada uno se esforzaba por derribar al otro y sostener a su oponente con las manos en el cuello para así ser declarado vencedor. Era extremadamente físico y agotador.

La palabra griega para el tercer deporte es "pankratos". En este deporte, todo vale, ninguna parte del cuerpo humano estaba fuera de los límites. Podían patear, golpear, morder, partir los huesos y toda clase de cosas horribles para ganar.

Nosotros, como cristianos, no podemos negar lo que el apóstol Pablo aludía, la imagen de una organización altamente estructurada de niveles y grados acorde a los números de cada jerarquía las cuales están bien organizadas y entrenadas para defender su palacio. Esta es la imagen de una guerra que sería una batalla espiritual, para confrontar

CAPÍTULO TRES

al enemigo por medio de la liberación y derrotarlo. Para algunos espíritus malignos, la lucha es por la propiedad de las partes del cuerpo humano y de su mente. Para otros es esta Era maligna. Todo el mal en medio de esto, puede ser derrotado solo por aquellos creyentes que están mejor entrenados que ellos. Las instrucciones de Jesús y Pablo fueron atacar los palacios o fortalezas, y derribarlas mediante una comprensión hábil y encuentros de poder. Noten lo que Pablo dice en 2 Timoteo 2: 24-26 (NVLH):

El siervo del Señor no debe ser rencilloso, sino amable para con todos, apto para enseñar, sufrido. Debe reprender tiernamente a los que se oponen por si acaso Dios les da el arrepentimiento que conduce al pleno conocimiento de la verdad, y volviendo en sí mismos escapen del lazo del diablo, habiendo estado cautivos de él para hacer su voluntad.

Pablo nos instruye a presentar la verdad con un carácter cristiano piadoso de manera que algunos puedan cambiar de opinión. Nadie puede hacer esto por ellos. En la guerra espiritual la persona debe estar consiente. Ellos deben tener la revelación que hay parte de ellos que el pecado ha atrapado. Que han sido atrapados como un pájaro enredado en una red. ¿Cuál es esa red? Cualquier pecado y vicio que traiga peligro, pérdida, enfermedad y destrucción. La trampa llega a través de las atracciones y seducciones del pecado. Una vez se actúa influencia por estas atracciones o seducciones, los ángeles caídos y los demonios obtienen derechos legales para mantener a esa persona cautiva. Como una trampa para ratones con queso como cebada. El ratón es atraído por sus sentidos tentados a comer lo que parece ser bueno, pero la trampa está colocada y diseñada para producir muerte.

Pablo dice que estar cautivo es cuando alguien es tomado vivo y hecho prisionero de guerra. La definición es atrapar y capturar con vida. Al igual que el ratón cuya cabeza está sujeta por esa trampa, se empieza a pasar por un proceso de muerte. Este es el diseño de la posesión de demonios y actividad de ángeles caídos, dar a luz la muerte o producir la muerte.

En el mundo Romano, la guerra y la esclavitud iban de la mano. La esclavitud fue el resultado inevitable de la derrota durante un encuentro de combate. La persona que cede al pecado. Un soldado fue vencido por el otro, y fue hecho prisionero de guerra, ¡eso nos dice Jesús! El cautiverio está diseñado para producir la muerte. Pero no se equivoquen, el prisionero y sus generaciones deben permanecer cautivos en su mente y cuerpo hasta la Era que ha de venir. Todas las generaciones se mantienen cautivas hasta que una nueva generación rompa con esto, se libere y luche no solo por sí misma, sino por las generaciones futuras.

Los romanos hicieron marchar a sus prisioneros bajo un arco hecho por tres lanzas unidas entre sí. Este fue un símbolo de su derrota y fue conocido como "pasar bajo el yugo". Muchas veces, he tenido personas que me dicen que sienten tensos o sienten dolor en su cuello y hombros durante la liberación. Han pasado bajo el dolor, dolor que ha llevado a prisión a los ángeles caídos y sus demonios. Esta era una metáfora romana para el encarcelamiento de

CAPÍTULO TRES

las bestias. Lo que Pablo le está diciendo a Timoteo, es que aquellos que se oponen han sido tomados vivos como cautivos por cumplir las órdenes del diablo, los ángeles caídos y espíritus demoniacos.

A través de la naturaleza pecaminosa, nacemos en el servicio al reino de las tinieblas. Servimos a su placer, el pecado. Una vez que nacemos de nuevo, nuestros espíritus empiezan a responderle a Dios, dándonos cuenta que nuestras mentes deben ser renovadas y libres. Hay una diferencia entre la mente libre y la mente renovada. La mente humana debe ser liberada de los ángeles caídos, mientras que la mente renovada debe volverse la mente de Cristo o pensar conforme a los patrones de pensamiento de Cristo Jesús. La mayoría de los creyentes no entienden esta diferencia. Nuevamente, pueden ir a ver mi primer libro, "Explorando los secretos del Reino Celestial". En Gálatas 5:1 (RVR 1960) dice:

> Estad, pues, firmes en la libertad con que Cristo nos hizo libres, y no estéis otra vez sujetos al yugo de esclavitud.

Noten nuevamente, Pablo está hablando sobre el hecho de pasar bajo el yugo o enganchar o esclavizar la bestia. Para Gálatas, la advertencia era no estar bajo el yugo del judaísmo. Hoy, es el no caer bajo el yugo de ser religioso, la justicia propia a través de programas y siguiendo un conjunto de reglas, y/o vivir el cristianismo sin el poder del Espíritu Santo. ¡Pablo dice que esta es una lección de libre albedrío! Para serte honesto preferiría ministrar a un grupo de pecadores en lugar de ministrar a personas justar y religiosas que no se han entregado al Espíritu Santo para su santificación. Porque cualquiera que desee seguir una lista de qué hacer y que no bajo la justicia ha caído bajo el yugo de un ángel caído maligno de religión llevándolo hacia la demonización.

Avanzando en nuestro tema sobre el luchar correctamente contra el mal, vemos que Dios creó los cielos y la tierra, luego los separó con un arco en el cielo y dividió las aguas. En la tierra, Dios colocó a cada criatura, incluyendo a los demonios que vagan por la tierra bajo la autoridad del hombre para gobernar. También sabemos que no hay fuerzas demoniacas que tengan un rango suficientemente alto para operar en el segundo cielo. Lo que la biblia nos enseña es que los ángeles caídos operan desde las cuatro dimensiones y sub campos del segundo cielo y buscan controlar el funcionamiento de la tierra. Esto sucede a través de una serie de sucesos que buscan establecer un sistema en el cual la humanidad trabaje para ellos por medio del pecado. Esto es claramente visible ya que la cultura humana establece leyes para ministrar o gobernar la tierra como un negocio. Desde el CEO hasta el empleado del correo. Esto les da a los ángeles caídos el derecho a realizar actividades militares en áreas específicas de la cultura humana para formar una base o una fortaleza. Déjame darte un ejemplo de una fortaleza de un ángel caído en el segundo cielo o de una base militar en los Estados Unidos, el aborto. ¡La humanidad sabe que está mal! ¿Cómo? Por el deseo de formar una familia. Pero a causa de la ley humana, los ángeles caídos del segundo cielo están facultados por una ley limpia y así trabajan a través de la mente de la humanidad. Este proceso otorga

CAPÍTULO TRES

derechos a los espíritus demoniacos quienes trabajan para los caídos, y tienen permiso para poseer, e influenciar a la humanidad, para que actúe cumpliendo una función demoniaca. Estas funciones, cuando se multiplican por cada humano, satisfacen el deseo de los ángeles caídos, y les da el derecho de controlar el curso de esta Era maligna.

He dicho esto en mi primer libro y lo repetiré aquí; los espíritus demoniacos son problemas individuales para cada ser humano, pero los ángeles caídos son problemas culturales y mundiales. Las actividades de la humanidad, revelan la autoridad y el poder de los ángeles caídos dentro de cada código postal, ciudad, región, estado, país, continente, mundo y el universo. Los demonios buscan poseer personalmente a través del pecado implícito o explícito. Los demonios también buscan poseer familias, y generaciones futuras. El deseo de cada demonio es el poder que ellos reciben a través de las generaciones futuras de la humanidad, que siguen los pasos de los padres. Los demonios quieren permanecer ocultos. Ellos logran esto al fundirse a sí mismos con la personalidad humana. Las cosas que nos gustan de este mundo o las cosas que hacemos de este mundo.

La biblia nos instruye en buscar la santificación. No solo debemos apartarnos (arrepentirnos) del mal, sino apartarnos para Dios. Tenemos que obedecer y seguir un estilo de vida que sea digno de un creyente. La santificación es buscar la libertad del pecado. Esto incluye la liberación y el exorcismo, estas dos palabras se usan simultáneamente en los círculos cristianos, pero operan en o dentro de campos diferentes. La liberación es la acción que Jesús hace para liberar al creyente. El creyente decreta una declaración formal o de autoridad sobre los derechos legales, personalidades alternas, maldiciones, fortalezas, juramentos, votos internos, ceremonias y rituales con palabras y declaraciones dentro de ellos. En la iglesia de hoy, a esto le llamamos liberación no confrontacional. En la liberación sin confrontación, el creyente es liberado debido a la renunciación que ha hecho y los espíritus son expulsados por alguna forma de viento; el viento es la definición del espíritu. En la liberación sin confrontación, no todo el mal se irá. La liberación no confrontacional es para expulsar a los demonios más débiles.

Tan solo decir la palabra exorcismo ya parece apuntar a su propia definición. La definición del diccionario Strong es, expulsar. Expulsar significa llevar fuera o eyectar. Tiene la implicación o sugerencia de una expulsión violenta, especialmente de los demonios. También establece que el demonio debe salir de su lugar oculto. En el exorcismo esto significa enfrentar al demonio. Esto es una expulsión forzosa, donde el demonio lucha en la mente y el cuerpo del anfitrión, contra el ministro de liberación, tratando de exponer cualquier debilidad en su entrenamiento y habilidad para expulsar. Esto fue claramente presentado en los ejemplos anteriores y en la descripción de la palabra lucha. Recuerde que la palabra lucha proviene del griego antiguo "pale", que significa lucha, batalla, o combate cuerpo a cuerpo. El resultado final es el expulsar a la fuerza a los demonios y a sus subordinados de los lugares dentro del alma humana y del cuerpo que consideran su palacio. Lo que quiero decir, es que los derechos legales, las maldiciones, las fortalezas, los juramentos y los votos hechos de regre-

CAPÍTULO TRES

so hasta Adán deben ser lidiados o tratados de estas dos maneras, esta es una instrucción bíblica, hacer que la persona que busca la liberación renuncie a los derechos legales y maldiciones. Después de esto muévete al ministerio de confrontación y has que los demonios salgan a renunciar a los derechos legales maldiciones y pactos. Así es como luchamos adecuadamente o apropiadamente contra los espíritus demoniacos.

Para luchar adecuadamente contra los ángeles caídos, solo podemos mirar a Jesús con su experiencia de combate directo. Jesús es el único que desarmó a los ángeles caídos de manera posicional y condicional en la Era venidera. ¡Esto es difícil de entender para la mayoría de los creyentes! Pero es simple, si nos preguntamos a nosotros mismos, ¿está permitido que Satanás y la maldad operen en esta Era maligna de pecado? Nuestra respuesta debería ser "sí". El reino de Dios es ahora, pero la plenitud del reinado de Dios está en la Era venidera. Donde Dios gobierna hoy ahí está el Reino de Dios. Lo diré de esta manera, el Reinado de Dios está donde Su Poder se manifiesta, tanto en el futuro como en el presente. Este poder presente de Dios, son sus bendiciones siendo derramadas a través de Su Reinado. Lo contrario entonces, es donde el gobierno de los ángeles caídos ejerce su autoridad y poder para gobernar y reinar. Jesús claramente enseña en Mateo 12 y en Lucas 11 que hay dos Reinos coexistiendo. Uno que gobierna a través de la justicia y el otro que gobiernas a través del pecado. Esta es la razón por la que podemos tener milagros y ministraciones de liberación justo en la casa de al lado de donde venden licor o cosas para adultos. Entonces, hasta que nos movamos más allá de la historia, los ángeles caídos en los reinos celestiales permanecerán entronados donde el pecado mora.

Mandato del Reino

El trabajo de las iglesias es traer el cielo a la tierra, la Era que ha de venir a esta Era presente y maligna. Se entra al Reino de Dios en la medida en que los creyentes reconocen Su Voluntad y al hacer esto disfrutan de Su Presencia y Bendiciones. El Nuevo Testamento en una visión general, está claro que la voluntad de Dios no es para quesea realizada en su totalidad en esta Era. Pero también debemos reconocer que por medio de la venida de Cristo Jesús la voluntad y Reinado del Reino de Dios se ha cumplido plenamente.

Los creyentes que están dispuestos a liberar a las personas de los poderes de las tinieblas y llevarlos a herencia de los santos en el reino de la luz, debilitan a los espíritus malignos dentro de muchos campos. Una vez que la persona nace de nuevo, debemos realizar la expulsión para que así pueda experimentar la herencia y ejercerla. Aquellos creyentes que no ven la necesidad de operar en el poder del Espíritu Santo son mantenidos cautivos en sus mentes por los ángeles caídos. El mal retiene como rehenes los dones, talentos, bendiciones, salud y destinos, por esto todo creyente debe ser exorcizado para experimentar la plenitud de estas bendiciones. Dios dijo en Colosenses 1.18, que Jesús es la cabeza de la iglesia. El reinado de las iglesias en esta Era maligna es en Cristo Jesús. La redención es ahora, pero

CAPÍTULO TRES

la plenitud de nuestra redención es cuando el reinado de Dios sea ejercido al final de la historia. Pablo nos alienta a alcanzar la plenitud, no que él la haya alcanzado, pero él la persiguió por lo que Cristo Jesús deposito en él. La plenitud se encuentra en Cristo Jesús.

Así como hay dos apariciones de Cristo, la encarnación y el regreso o la segunda venida de Cristo, así también hay dos manifestaciones del Reino de Dios, en la venida de Jesús, el Reino en Poder de Gloria. En esta presente Era maligna, el Reino de Dios es establecido en la medida en que cumplimos la comisión de Jesús con el evangelio que Él predicó. Jesús predicó y Pablo lo confirmó, el Reino de Dios no está en Palabras si no en Poder. Debemos tomar la Palabra de Dios, Su voluntad, y establecer el gobierno de Dios a través de encuentros de poder. Entonces, después del milenio, Jesús le entregará al Padre, todo lo que está bajo Sus pies.

Los creyentes tienen el mandato de participar en la guerra espiritual y de ver avanzar el Reino de Dios. Debemos estar de pie, lo que significa tomar una posición fuerte a la defensiva, y comprometernos con el poder del Señor Todopoderoso. Esta posición de combate agresiva, es para mantenerse en la tierra tomada a través de vivir una vida justa. El creyente que atraviesa una liberación debe soportar una temporada larga si es necesario, guerreando por su libertad. Para estar seguros de la victoria en la guerra espiritual, debemos mirar Colosenses:

Y a vosotros, estando muertos en pecados y en la incircuncisión de vuestra carne, os dio vida juntamente con Él, perdonándoos todos los pecados, anulando el acta de los decretos que había contra nosotros, que nos era contraria, quitándola de en medio y clavándola en la cruz, y despojando a los principados y a las potestades, los exhibió públicamente, triunfando sobre ellos en la cruz. Colosenses 2:13-15

Aun cuando estamos tratando con personas, no luchamos contra la carne y la sangre, sino contra los ángeles caídos en los campos celestiales y espíritus demoniacos en los campos terrestres. La meta de todo creyente es entender que la guerra está sobre la mente. Debido al pecado, la mente de la humanidad (salva/no salva) ha sido capturada. Esto es demostrado por medio de las acciones de la humanidad. Vemos por medio de las acciones humanas que los espíritus malignos establecen y fortifican fortalezas. Es el trabajo del mal impedir que la humanidad capte estos hechos. Una de las armas que tienen los creyentes es el entendimiento. El entendimiento pues, puede llevar a realizar acciones apropiadas, demoliendo todas las fortalezas.

Para aclarar un punto mencionado previamente hace pocas páginas, Cristo ya derrotó a Satanás, a los ángeles caídos y a los espíritus demoniacos. Pero Dios está implementando esta victoria en tres etapas. La cruz fue el lugar donde tuvo lugar la derrota total del mal y estableció la primera etapa, el creyente en Cristo ejerce esa derrota por medio de la Vida en Jesús. El creyente que vive de la vida de Cristo ejerce la autoridad en su vida.

CAPÍTULO TRES

El reino de las tinieblas desea controlar a los creyentes y no creyentes a través de la naturaleza pecaminosa no circuncidada, llevándolos a la cautividad, convirtiéndolos en esclavos del pecado. Moisés le dijo a los Israelitas que circuncidarán sus corazones en Deuteronomio 10:16. Esto significa que la humanidad debe someter sus corazones y sus cuerpos a la voluntad de Dios. Jeremías 4:4 también hace una demanda similar, pidiendo un corazón circuncidado. Jeremías declara que si no le decimos que sí a las justicia y no al mal, la ira de Dios saldrá como fuego y quemará nuestras vidas, sin que nada pueda apagar ese juicio. Él dice que es porque nuestras obras son malas. El apóstol Pablo dice en Romanos 2:29, que la verdadera circuncisión no es un corte en el cuerpo sino un cambio de corazón producido por el Espíritu de Dios.

La transgresión es lo que una persona ha hecho al transgredir la voluntad y la ley de Dios por dar un paso en falso o fracaso. Lo que significa que hemos cruzado limites espirituales y nos hemos adentrado en un territorio maligno, otorgando derechos legales y perversos a posesión bajo el juicio de Dios contra nosotros. El creyente es juzgado de acuerdo a la naturaleza pecaminosa, Jesús canceló el certificado de deuda a través de su muerte en la cruz, este certificado pertenece a los ángeles caídos y es un record de deuda, la deuda es un registro de todas las leyes y estatutos que hemos quebrantado, y/o que han quebrantado nuestra línea generacional y toda nuestra descendencia hasta Adán. Estos son documentos legales que atestiguan la ilegalidad de nuestro linaje sanguíneo en la Era del mal. Son los hechos y eventos registrados a lo largo de la historia.

En lo que respecta a los ángeles caídos quienes desean el control de nuestro linaje familiar, tienen derecho a controlar debido a las iniquidades en la línea de sangre. Para los ángeles caídos de nivel superior, tienen sus derechos debido a las iniquidades de las ciudades, grupos de personas, territorios, países, naciones, continentes y el mundo. Debemos tener en cuenta estos registros de endeudamiento que han sido escritos por la mano de los ángeles caídos como prueba de obligación, estos actos han colocado a familias, grupos de personas y naciones en ciertos cursos de acción que han traído acuerdos morales ilegales vinculantes entre la humanidad y los ángeles caídos. Solo conozco un método de acción para romper estos documentos y registros legales, un juicio en el tribunal de Dios.

Donde los caídos hacen acusaciones, el creyente debe declarar las escrituras que refutan y prueban como erróneas estas afirmaciones por medio de la obra redentora de Cristo Jesús. El creyente es libre posicionalmente a través de la cruz de Cristo. Este es nuestro argumento en el tribunal de Dios. El argumento de los ángeles caídos en el tribunal de Dios es que la humanidad ama su condición o naturaleza pecaminosa y está deseando vivir voluntariamente en ella.

Capítulo Cuatro

Hombre Viejo

Origen y Naturaleza

Los lectores podrán preguntarse por qué estos capítulos del hombre viejo y nuevo están en la mitad de este libro. He encontrado dos cosas que hacen preocupar a los ángeles caídos, primera, el ver cómo el cuerpo de Cristo se unifica bajo Cristo Jesús, y segunda, el desarrollo y el crecimiento del creyente en la medida en que se transforma a la imagen de y semejanza de Cristo Jesús.

Me gustaría empezar este capítulo haciendo una declaración poderosa acerca de dos personas en el Nuevo Testamento que tienen una posición de importancia única. Esta declaración es la clave o la llave para llegar a un entendimiento correcto, incluso puedo decir, a una total revelación del Nuevo Testamento. La verdad es que nunca podremos comprender adecuadamente el mensaje del Nuevo Testamento hasta que realmente tengamos la revelación de estas dos personas. Es de importancia tanto teológica como sobrenaturalmente que entendamos completamente el origen, las naturalezas y destinos. Esto nos ayudará a dividir correctamente la palabra de verdad con la posibilidad de madurar si es administrada objetivamente. También nos ayudará a entendernos a nosotros mismos a medida que avanzamos en el proceso de la santificación. Pablo, el apóstol, nunca les da nombres, pero sí les da un título. ¿Estás listo? Son el hombre viejo y el hombre nuevo. Otros los llaman, el viejo yo y el nuevo yo. Voy a estar usando ambos nombres en este capítulo. Nuevamente, la verdad es, no podemos entender verdaderamente el mensaje del Nuevo Testamento hasta que no tengamos la realidad de estas dos personas – el viejo yo y nuevo yo. También diré que gran parte del cuerpo de Cristo no ha entendido a estas dos personas, y por consiguiente han fallado en vivir una vida victoriosa en Cristo Jesús. Así que veamos Efesios 4:20-24:

> *¡Pero ustedes no aprendieron así de Cristo! 21. De hecho, ustedes han escuchado [verdaderamente] de Él han sido enseñados por Él, conforme a la verdad que está en Jesús [revelada en Su vida y personificada en Él], 22. Y respecto a su previa manera de vivir, ustedes quítense su viejo yo [completamente desechar su vieja naturaleza], el cual está corrompido por medio de deseos engañosos, 23. Y sean continuamente renovados*

CAPÍTULO CUATRO

en el espíritu de sus mentes [teniendo una fresca e incorruptible mente y actitud espiritual], 24. Y vístanse del nuevo yo [la naturaleza regenerada y renovada], creada a la imagen de Dios, [divina] en la justicia y santidad de la verdad [viviendo en una manera que exprese a Dios gratitud por tu salvación]. Efesios 4:20-24 AMP

Pablo hace una clara distinción entre las dos naturalezas dentro del creyente. El señala que es la elección del individuo sobre a qué naturaleza ceder, viejo yo o nuevo yo. En el verso 17, Pablo declara que no debemos seguir caminando como los gentiles. La implicación es que como creyentes nos es posible vivir como gentiles o no creyentes a pesar que ya seamos Cristianos. La palabra "Caminar" significa hacer su camino o progreso. Se refiera a la elección qué como alguien regularía su vida; las decisiones que uno tomaría mientras las oportunidad se vuelven aparentes. Pablo está diciendo mientras vivimos la vida, cierto comportamiento va a salir a flote que posiblemente traerá consigo acciones continuas que imitaran o serán equivalentes a las de un no-creyente. En el versículo 17 Pablo está claramente hablando acerca de un no-creyente. Pero para el momento en el que llega al versículo 22, Pablo revela su punto. Él está diciendo, el creyente tiene una naturaleza que se mostrará a sí misma como engañosa, lujuriosa, corrupta, así como el no-creyente. Este viejo yo, como Pablo lo llama, definitivamente va a tratar de influenciar la conducta del creyente mientras haya vida en el cuerpo durante esta era maligna.

Pablo está escribiendo a cristianos comprometidos y los

HOMBRE VIEJO

está instruyendo a que no vivan más como lo hacen las personas impías. Él dice, e incluso insiste, que los cristianos deben abandonar todas las partes de su vieja vida y vivir para la gloria de Cristo Jesús. Y debido a que Pablo se ve a sí mismo como con o en Cristo, por consiguiente él está instruyendo para el mismo Cristo. La Biblia nos está dirigiendo a no tener nuestro comportamiento como los no-creyentes lo tienen debido a su mentalidad fútil. Pues que el creyente tenga partes de su mente mundanas, es tener una mentalidad inútil o vacía. Es por esto que tantas personas, creyentes y no-creyentes, experimentan un estilo de vida que no trae consigo satisfacción, pues sus mentes están puestas en las cosas equivocadas y vacuidad es todo lo que tienen.

Pablo le dice a los Efesios que hay una buena posibilidad que no hayas escuchado la verdad y/o que no hayan entendido su posición en Jesús. ¡Esto es un hecho hoy en día! Muchos cristianos son engañados sobre su posición en Cristo y sobre su condición de acuerdo al hombre viejo. Los creyentes rápidamente quieren decir que su hombre viejo fue crucificado en Cristo pero momentos después, van y pecan. Los creyentes también quieren decir que en la cruz Jesús se convirtió en maldición por nosotros, pero momentos después van y pecan, de tal modo revelando la maldición en sus miembros. Posicionalmente, nuestro viejo yo fue crucificado en la cruz de Jesús en Cristo, pero lo que Pablo está revelando es que el cumplimiento de esa obra en la cruz vendrá al final de esta era maligna. Hasta el regreso de Cristo, ¡los cristianos tendrán dos naturalezas! Es por esto que Pablo dice que dejemos a un lado, que nos

CAPÍTULO CUATRO

quitemos o nos despojemos de nuestro viejo yo. Para dejar de hacer lo habitual de la vieja vida. Debemos remover todo lo que traiga corrupción a través del pecado. ¡Esta es una elección! Debemos dejar de rendirnos a lo que Jesús ya mató en la cruz – la naturaleza pecaminosa.

Cuando leemos nuestras escrituras nuevamente, vemos al viejo yo y al nuevo yo. Como cristianos, somos instruidos en tomar acciones específicas en cuanto a estos dos seres. Debemos quitarnos, despojarnos el viejo yo y ponernos el nuevo yo. Me gusta pensar que es como vestirse. Toma tiempo y se piensa primero qué es lo que me voy poner antes de vestirme. Lo mismo al desvestirse, toma tiempo desvestirse y poner aparte la ropa sucia. Teológicamente hablando se llama santificación. Así como vestirse y desvestirse, toma tiempo y conocimiento para ir apropiadamente por el proceso de la santificación. Si vamos a hacer esto, tenemos que entender lo que está involucrado. Así que primero, la identificación del viejo yo y el nuevo yo es un requisito, de otra manera, ¿Cómo sabremos si estamos haciendo lo que las escrituras ordenan, de desvestirnos y vestirnos de los dos seres, respectivamente? Lo que estoy diciendo es, el conocimiento escritural adecuado es esencial para tener éxito en este proceso.

Hablemos ahora sobre el origen y la naturaleza del viejo hombre. Está es una realidad que bastantes creyentes se rehúsan a creer, aun así esto afecta su toma de decisiones, las palabras que hablan, y sus acciones en el día a día de sus vidas. Pablo revela en el versículo 22 de Efesios 4, tres pensamientos claves. Pablo dice que hombre viejo es corrupto, es lujurioso y es engañoso. ¿Cuál es significado de engaño? Significa hacer trampa, engañar, seducir a engaño. Desde viejo yo es que actuamos deshonestamente y nos tratamos o tratamos a otros de forma injusta. Al viejo yo le gusta aprovecharse de otros y de las situaciones para así beneficiarse a sí mismo. El viejo yo quiere defraudar al nuevo yo de todo lo que le ha sido dado en Cristo Jesús. Defraudar, Vine lo define como ser robado a través de la condición corrupta de la mente. El significado informal de engañar es ser sexualmente infiel. Esto es un acto o producto del viejo yo, el ser sexualmente inmoral. Pablo dice a los Tesalonicenses en 2 Tesalonicenses 2:10 que todo engaño se revela a sí mismo a través de la iniquidad. Es por esto que nada bueno viene del hombre viejo. El hombre viejo es engañoso y al ser así, surgen toda clase de palabras y actos inescrupulosos. ¡Del engaño salió el pecado!

Pablo dice en Romanos 16:18, que los creyentes pueden ser seducidos por falsos maestros y sus enseñanzas. Esto sucede, predicadores endulzan a las personas diciendo lo que la gente quiere escuchar y no la verdad. Estas enseñanzas son como halagos y engaños a las mentes de las personas ingenuas. Cualquiera que no le cree a Pablo, Pedro y Santiago se ha alejado de la verdad. El viejo yo está programado desde la mentira y una doctrina hueca y engañosa, lleva a los creyentes a la cautividad. Pedro dice que estos falsos maestros y doctrinas, hablando con palabra infladas (engañosas) y vanas, seducen con concupiscencias de la carne (viejo yo) y atraen a las personas a vivir en error. (2 Pedro 2:18). Los escritores del Nuevo Testamento continúan a enseñar que hay que estar atentos para no ser

CAPÍTULO CUATRO

desviados por los deseos pecaminosos del viejo hombre. El viejo hombre entonces es una fuerza seductora que trabaja en contra de la gracia salvadora de Dios y de la herencia que los creyentes han de tener en este siglo y en el siglo que ha de venir. Santiago, al igual que Pablo, habla sobre los deseos engañosos (concupiscencia) del viejo yo usando una imagen de seducción sexual para mostrar cómo nuestros deseos van gradualmente en forma sutil, trayendo efectos dañinos. Estos deseos insidiosos del viejo yo nos llevan en la dirección equivocada. Santiago 1: 14-15 de la NVI dice, "Todo lo contrario, cada uno es tentado cuando sus propios malos deseos lo arrastran y seducen. 15 Luego, cuando el deseo ha concebido, engendra el pecado; y el pecado, una vez que ha sido consumado, da a luz la muerte." Santiago se lo explica a los creyentes, las doce tribus o los judíos cristianos a los que les estaba escribiendo.

¡El origen del viejo yo es el engaño! El viejo yo es el producto del engaño o de la decepción. La decepción se origina en Satanás. El viejo yo es el resultado de prestar atención a la mentira de Satanás. Es por esto que la humanidad es receptiva a las mentiras, estas sacan sus fuerzas del viejo yo.

Leyendo Efesios, gran parte de las imágenes es acerca de la iglesia. Podríamos decir, que la imagen del viejo yo y del nuevo yo es como un arquetipo (cierta clase de persona) patrón del viejo Adán y el nuevo Adán o la vieja humanidad y la nueva humanidad. Una naturaleza toma su patrón de engaños, iniquidad y corrupción, el otro lo toma de la verdad, justicia y santidad.

HOMBRE VIEJO

Santiago, Pedro y Juan identifican al hombre viejo con el mundo o personas en enemistad con Dios, esto es, aquellos que están en oposición a la voluntad y propósito de Dios. Debemos llegar al entendimiento que este es el fruto del Espíritu de Dios que produce la obra de Dios en nosotros. La palabra "obra" en gálatas 5:19 significa trabajo como un esfuerzo y ocupación. Tiene la implicación de un hecho o decreto, significando el laborar en un negocio. En el evangelio de Marcos 1:24, el demonio dice "¿Qué negocios tenemos contigo, Jesús de Nazareth?" (KJV) la conversación era acerca de un lugar o puesto de empleo. El trabajo de los demonios era llevar a cabo las obras de la carne. Si continuamos siendo indisciplinados y autoindulgentes, el Espíritu Santo no ayudará en el proceso de santificación y las puertas al mal quedarán abiertas. Nuestra naturaleza carnal es similar a un enemigo viviendo dentro de nosotros. Quiere lo que quiere y Pablo dice que solo hay una manera para que el viejo yo no nos engañe y es crucificarlo.

Pablo no era un cristiano inmaduro cuando escribió Romanos 7. Pablo reconoce que el viejo yo estará con él durante su vida en esta era maligna. Él dice que el viejo yo no tiene nada bueno dentro de su naturaleza. No podemos esperar que algo bueno salga de ahí. Aun si crucificamos el viejo hombre completamente, este continuaría dentro de nosotros, solo que no vivo. Esta verdad es vista en la muerte. Pablo dice, cuando la ley de Dios venga, él murió. La ley de Dios reveló las obras del viejo hombre. Como fue establecido anteriormente, el producto del viejo yo es decepción y todo lo que sea engaño tiene su origen en Satanás. Adán y Eva encontraron esta verdad. Génesis 3:1 usa

CAPÍTULO CUATRO

la palabra astuta al hablar de la serpiente, Satanás. La raíz primaria en el Hebreo es defraudar por medio de actos de traición. La traición es un acto de romper la confianza. Es una acción engañosa en medio de la naturaleza. Satanás, el líder de los ángeles caídos, hizo que Adán y Eva traicionaran su confianza de Fe en Dios a causa de falsa información o de una mentira. La palabra hebrea también lo define como engañar. La naturaleza de Satanás era conspirar en contra de Dios y él cayó por haberlo hecho. Adán y Eva escucharon a Satanás, y en medio de hacerlo, conspiraron en su interior. El resultado fue ser engañado o encantado, es decir, ser tentado o seducido para obedecer a Satanás. Una vez lo hicieron, vinieron a estar bajo un nuevo gobierno y paternidad. El padre de la humanidad ahora sería satanás y el gobierno sería el pecado.

Hay otra traducción en hebreo para la palabra astucia, es artimañas. Somos advertidos por Pablo en Efesios 6:11 que debemos hacerle frente a los esquemas o artimañas de diablo. Noten, la armadura de Dios es para los ángeles caídos y no para los demonios. Satanás es una metáfora para los caídos. La autoridad en Cristo Jesús es el hacerle frente al campo demoniaco, el cual está en la tierra.

Desde el principio, la creación ha tenido su origen en la Palabra de Dios, Dios decía y las cosas se hacían realidad. En Génesis 2:17 Dios dijo, son libres de comer que cualquier árbol en el jardín, pero no deberás comer del árbol de conocimiento del bien y del mal, [ahora noten esto] cuando [una palabra de tiempo] tú comas de el, tú ciertamente morirás [maldición por desobediencia]. Ahora

HOMBRE VIEJO

en Génesis 3:4, Satanás dijo, ciertamente no morirás. La tentación era para ignorar la advertencia de Dios, y para desobedecer lo que Dios les había dicho. La mentira era la negación directa o contradicción de lo que Dios había dicho. La creencia y acción de la mentira directamente dio luz al hombre viejo.

Desde el principio de este capítulo, he estado yendo a un punto principal, el arma primaria de satanás y los ángeles caídos en contra de la raza humana es la decepción/el engaño. En apocalipsis 12:9, la Biblia dice, Satanás y sus ángeles que descarrían al mundo entero. La palabra descarriar significa engañar, llevar por mal camino apartando del camino de lo correcto o de la verdad. Los caídos, incluyendo a Satanás seducen al mundo y hace que la humanidad divague lejos de la verdad. La Biblia muestra a Satanás y a los ángeles caídos como serpientes. ¡Una serpiente nunca será derecha sino torcida! Así que el producto de la mentira es tan torcido como la serpiente misma. Este es el viejo yo, torcido como satanás. Jesús dice que Satanás ha estado mintiendo desde el principio. La mentira engendró al viejo yo, así mismo como la verdad (Jesús) engendró al nuevo yo.

El engaño pone en marcha un proceso de degeneración. El engaño produce lujuria y la lujuria son los deseos pervertidos y rebeldes. Son deseos que son opuestos en naturaleza a la voluntad de Dios. También son opuestos al bienestar de quién entretiene y actúa sobre esas lujurias. La lujuria también tiene un fruto –el pecado – y el pecado produce la muerte.

CAPÍTULO CUATRO

La naturaleza del Viejo Yo

Hay una naturaleza producida por el engaño y la lujuria. La palabra clave que lo describe es corrupta. Esto significa que también es corruptible. Esto habla de una moral decadente atravesando un proceso para llenar a la ruina final. La vieja naturaleza, la cual está en nosotros hasta que vayamos al cielo o que Jesús regrese, desea ir por una serie de acciones o pasos para obtener un final particular – la muerte. El viejo yo quiere parecer natural, causando una serie de cambios involuntarios que traen consigo el pecado.

El viejo yo es la descendencia de Satanás. Esta realidad es encontrada en Génesis 3:15 (AMP).

> *"y yo pondré enemistad (hostilidad abierta) entre tú y la mujer, y entre tu semilla (descendencia/prole) y su semilla; su simiente beberá [fatalmente] lastimar tu cabeza, y tu deberás [sólo] lastimar su talón."*

El Señor habló a la serpiente respecto a su semilla. Porque el viejo hombre es la descendencia de Satanás, este reproduce la naturaleza de satanás. Esto significa que el viejo yo tiene las características básica de herencia de pecado, por lo tanto, demuestra características satánicas. Jesús dijo en Juan 8:44, a los líderes religiosos de Sus días, "ustedes pertenecen a su padre, el diablo."

Podemos decir entonces, el diablo es el padre de los hijos de desobediencia. Donde la desobediencia esté en nuestras

HOMBRE VIEJO

vidas, hay un principio satánico operando. Déjame decirlo de esta manera, es una persona, un espíritu demoniaco o ángel caído, causando que vivamos y actuemos como sus agentes o representantes. Dicho simplemente, la naturaleza del ser espiritual es reproducida en aquellos que desobedecen. Así es como un cristiano puede tener un demonio. Podemos discernir fácilmente, si este es el caso, por la palabra rebelión. Cuando actuamos en desobediencia a la Palabra de Dios o resistimos el mover del Espíritu Santo, es revelado que dentro de tal persona, un espíritu demoniaco está operando. El comportamiento de la vieja naturaleza es rebelde en naturaleza.

La función del viejo hombre es llevar lejos de la santidad al creyente. En vez del creyente estar buscando santidad, el deseo del viejo hombre es profanar. Cuando esto sucede, las puertas son abiertas para que entren espíritus malignos. El viejo hombre es ceremonialmente impuro para Dios. La carne de la humanidad ha tomado la naturaleza de Satanás y ha sido profanada. Una de las definiciones es teñir con otro color o manchas en un vaso. El viejo yo ha sido corrompido por medio de la profanación moral y física, ha sido manchado. Isaías 53:6 (AMP) dice,

Todos andábamos como ovejas descarriadas, cada una, por su propio camino; pero el Señor ha causado que toda nuestra perversión [nuestro pecado, nuestras injusticias, nuestra maldad] cayera sobre Él [en vez de en nosotros].

El viejo hombre nos hace caer en error o vagar lejos de la creencia apropiada por medio de la seducción del peca-

CAPÍTULO CUATRO

do. La marca del viejo hombre en su comportamiento es el volver a su antigua manera de ser. Isaías dice que el viejo yo le da la espalda a Dios, busca su propia voluntad, placer y satisfacción sin consultar a Dios. No busca tomar acción o atender a las sugerencias de Dios. Esto está descrito en gran detalle en Efesios 2:1-3 (RVR60)

Y él os dio vida a vosotros, cuando estabais muertos en vuestros delitos y pecados, 2 en los cuales anduvisteis en otro tiempo, siguiendo la corriente de este mundo, conforme al príncipe de la potestad del aire, el espíritu que ahora opera en los hijos de desobediencia, 3 entre los cuales también todos nosotros vivimos en otro tiempo en los deseos de nuestra carne, haciendo la voluntad de la carne y de los pensamientos, y éramos por naturaleza hijos de ira, lo mismo que los demás.

Colosenses 2:13 dice que estábamos muertos en nuestras trasgresiones y en la incircuncisión de nuestra carne o en 1:21, que erais extraños y enemigos en vuestra mente, haciendo malas obras. El rey David dijo en Salmos 51:5, que en maldad fue formado y concebido en pecado por su madre. Vemos en Efesios que el producto de la mentira son los hijos de la desobediencia. Pablo dice que la vieja naturaleza quiere vivir acorde al curso de este mundo, esa es la forma en la que opera por medio de las creencias. Este pasaje de la Escritura es una descripción de aquellos que todavía tienen a su viejo ser. Pablo dice, Satanás y los ángeles caídos pueden obrar en ellos, creyentes o no creyentes, debido a su desobediencia. Entonces, la clave aquí es que Satanás puede obrar en ellos por medio de la rebelión.

HOMBRE VIEJO

Pablo dice, todos en algún momento nos condujimos a nosotros mismos por la concupiscencia o deseos de nuestra carne. Observen el libre albedrío para obedecer estas concupiscencias. Estas concupiscencias hacen referencia a esos deseos que están listos para expresarse o manifestarse en actividades corporales. Están ubicados en las emociones del alma y/o en las tendencias naturales hacía las cosas malignas. Podemos decir; son pasiones que existen en el alma y emociones que desean manifestarse en actividades. Observen cómo Pablo dice que el viejo hombre quiere completar los deseos o concupiscencias de la carne y de la mente. El principio satánico trabaja a través de la mente no renovada, una fortaleza establecida en nuestras emociones, que opera o está establecida por medio de actos pecaminosos. Recuerden, dijimos que un principio satánico es la base y sistema de creencias que causan cierto comportamiento por medio de una cadena de razonamiento, la cual está basada en mentiras.

Todos notamos a las personas con creencias, comportamientos y actitudes que se alinean al curso de esta era maligna. El comportamiento de la persona se manifiesta en un número de aplicaciones que varían acorde a qué tanto ha cedido y se ha rendido al hombre viejo quien ha sido engendrado por Satanás. Por naturaleza, somos hijos de la desobediencia y la desobediencia siempre traerá la ira de Dios. Aquí está el significado acorde a Pablo por medio de sus epístolas a la Iglesia, hay un rebelde viviendo dentro de cada uno de nosotros, creyentes. Recapitulando, el engaño de Satanás produce, concupiscencia, lujuria, esto produce pecado, el pecado produce muerte. La naturaleza del viejo

CAPÍTULO CUATRO

hombre producida en esta manera tienes dos marcas distintivas: primero que todo, esta corrupto espiritual, moral y físicamente; segundo, es un rebelde.

La Solución de Dios para el viejo yo

Si realmente vamos a entender el Nuevo Testamento, el misterio del viejo yo y el nuevo yo es de vital importancia. Demasiado error doctrinal ha provenido desde este misterio. Los misterios de la Biblia son cosas que están ocultas en el pasado, pero que se deben traer ahora a la luz. El viejo yo es un problema que cada uno de nosotros afrontamos. Es un entendimiento teológico que se le presenta a toda la humanidad. No puede ser medio explicado o cubierto por algún error de interpretación o una escritura en blanco. Cuando nos auto diagnosticamos incorrectamente a causa de un error escritural, somos llevados al campo de los argumentos o enfrentamos la hostilidad cara a cara con otros o incluso con nosotros mismos. Toda la raza humana, mientras vivamos en está era maligna, está plagada con el viejo ser. ¿Por qué? En la carne todos hemos descendido de Adán. Esta es la enfermedad que ha venido sobre la humanidad – pecado.

Para que nosotros entendamos la solución de Dios, debemos salirnos de ciertos métodos que no son escriturales pero que aun así parecen estar bien engranados dentro de la iglesia. Las iglesias constantemente promueven y advocan la auto-realización, lo cual es la enseñanza de la llenura o cumplimiento del potencial de alguien fuera del liderazgo y dirección del Espíritu Santo para santificación; dicién-

HOMBRE VIEJO

doles a los creyentes que hagan las cosas por ellos mismo por medio de su carácter y declaren o indiquen desde una posición en la escritura; también llevando a los creyentes a actuar en su carne o a un falso cumplimiento de su propia justicia. Esto lleva a lo que yo llamo auto-cumplimiento y el creyente tratando de lograrlo esto, se esfuerza por ir tras las esperanzas y ambiciones escriturales sin la obra empoderadora del Espíritu Santo. Y aquí viene otro problema en la iglesia – la auto-expresión. Todos tienen sus propios pensamientos y sentimientos, que dependen y se basan en sus propios deseos, bíblicos o no. Les daré un ejemplo. La Biblia claramente declara que no debemos tatuarnos, aun así creyentes tienen su propia auto-expresión. ¿Han notado la palabra "auto"? los Cristianos dicen; bueno, eso es del viejo pacto. Aun así el Apóstol Pablo dice, no hubiese sabido qué es el pecado, a no ser que la ley no me lo hubiese revelado. El pecado tiene su origen en la naturaleza satánica, esto doctrina Bíblica al 101. La auto-expresión puede ser establecida como una persona que busca o trabaja por sí misma su propia salvación. Todas estas cosas le dan libertad al viejo yo, el cual es rebelde a los ojos de Dios. Todas las soluciones que tiene su base en –auto- (yo mismo) le dan rienda suelta a la naturaleza rebelde.

También vemos en medio de la Iglesia un sistema de ley, este es cuando los creyentes van hacía la ley para lidiar con su viejo yo. Aquí hay uno que quizás conozcan; las obras del Espíritu Santo fueron para los Apóstoles y se acabaron después que la iglesia primitiva fue fundada. Esta creencia se puede describir en una palabra –legalismo. El fracaso de Israel es prueba viviente que el vivir acorde a unas cuantas

CAPÍTULO CUATRO

leyes no logra alcanzar el final deseado por Dios. Pablo en Romanos 7 declara que la ley es santa, justa y buena. Así que no hay nada malo con la ley, pero la ley no puede cambiar al rebelde. La ley, de hecho desaprueba al rebelde y lo condena a muerte. Es por esto que no nos tatuamos. ¿Por qué elegí los tatuajes como mí ejemplo? Porque hace salir a flote esas auto-expresiones, auto-realizaciones y auto-cumplimientos.

La religión no cambia al rebelde. Dios no diseño al viejo yo para que fuera a la iglesia, atendiera grupos de auto-ayuda, memorizará la escritura o fuera parte de un grupo de células para transformación. Estás cosas en sí mismas son cosas buenas, pero no van a alterar o transformar al viejo yo. Derek Prince dice en alguna parte de su enseñanza de, El viejo yo y el nuevo yo mp3, que la religión es como un refrigerador, puede esconder temporalmente la corrupción, pero no puede ultimadamente cambiarla. En alguna parte de su enseñanza dice, y lo parafraseo; la religión es como un pedazo de fruta, se ve bien, madura y apetitosa. Aun así, si simplemente se deja en el refrigerador eventualmente se pudrirá. ¿Por qué? El proceso de corrupción ya está en proceso dentro de la fruta. Podemos encarcelar o disminuir el proceso de corrupción por medio de la refrigeración. Pero debido a la corrupción, ese pedazo de fruta que comenzó a crecer en la vid o árbol, nació para morir si no se come. Un par de vidas cristianas me recuerdan este proceso. Ellos van a la iglesia, pero aún no toman ventaja de crucificar al viejo yo. La iglesia puede encarcelar la religión, o encubrirla, pero al final no pueden cambiar. La auto-realización, la ley y la religión no pueden cambiar al

HOMBRE VIEJO

viejo yo.

"Así, todo buen árbol da buenos frutos, pero el árbol malo da frutos malos.18 No puede el buen árbol dar malos frutos, ni el árbol malo dar frutos buenos.19 Todo árbol que no da buen fruto, es cortado y echado en el fuego.20 Así que, por sus frutos los conoceréis." Mateo 7:17-20 RVR60

Jesús está usando un árbol como ejemplo de los dos yo, la parte caída del hombre y la futura regeneración o el hombre nacido de nuevo. Pablo los ha etiquetado como el hombre viejo y el hombre nuevo. El viejo yo no puedo producir buen fruto, y así mismo, el nuevo yo no puede producir fruto malo. El viejo yo o ese árbol debe ser cortado. ¿A qué se refería Jesús con eso? En el leguaje del Nuevo Testamento, Él se estaba refiriendo a la crucifixión. El viejo yo debe ser eliminado, no hay otro remedio para el viejo yo diferente a la crucifixión. Las buenas noticias del evangelio nos dicen que la ejecución ya ha tomado lugar con Cristo. Esto es lo que la teología llama como Cristiandad posicional. Así como abrí este capítulo, esta es la clave para entender el mensaje del evangelio. La clave es la Cristiandad posicional vs la Cristiandad condicional. Mi condición en esta presente era maligna, el viejo yo, debe ser eliminado, puesto a muerte. Mi nuevo yo el cual es creado en Cristo Jesús, deber ser puesto encima, ahora debo vivir acorde al liderazgo y dirección del Espíritu Santo, y al hacer esto no cumplir los deseos de la carne. Ahora veamos cómo la Biblia Viviente describe a los dos yo en Romanos 7:21-25:

"Parece ser un hecho de vida que cuando yo quiero hac-

CAPÍTULO CUATRO

er lo correcto, inevitablemente hago lo incorrecto. Yo amo hacer la voluntad de Dios en lo que a mi nueva naturaleza respecta; pero hay algo más en lo profundo de mí, en mi naturaleza más baja, que está en guerra con mi mente y gana la pelea y me hace esclavo al pecado que aún está dentro de mí. En mi mente yo deseo ser el fiel sirviendo de Dios, pero en cambio me encuentro a mí mismo aún esclavizado al pecado."

Así que ahora ves cómo es; mi nueva vida me dice que haga lo correcto, pero la vieja naturaleza que aún está dentro de mí ama el pecado. ¡Oh, en qué terrible predicamento estamos! ¿Quién nos libertará de nuestra esclavitud a esta naturaleza pecaminosa? ¡Gracias a Dios! Ya ha sido hecho por Jesucristo nuestro Señor. Él ya nos ha hecho libres.

Pablo es un Apóstol, él es nacido de nuevo, lleno del Espíritu Santo, un hacedor de milagros, sanidades y liberaciones. La mayoría de los eruditos están de acuerdo en que Romanos se escribió alrededor del año 56 d.C. Se cree que Pablo había sido ejecutado unos ocho años después de esto. Mi punto es que Pablo no había alcanzado la perfección y está escribiendo sobre lo que debe suceder dentro del creyente. Él está escribiendo sobre la clave o el secreto para el éxito del creyente.

Examinemos este texto y sumerjámonos en el. Cuando queremos hacer lo correcto o tener la voluntad para hacer lo bueno, ¿encontramos otra ley que está obrando o inevitablemente hacemos lo malo? Una respuesta honesta es ¡Sí! Pablo dice que cuando estamos haciendo la voluntad de Dios y amamos hacerlo, y causa deleite en nosotros, proviene del interior o de la nueva naturaleza. El Apóstol dice reconocer otra ley espiritual dentro de sus miembros, algo más en lo profundo de él, su naturaleza más baja. Pablo encuentra que estás dos naturalezas están en guerra dentro de la mente, llevándolo a cautividad bajo la ley del pecado la cual él encuentra en la naturaleza inferior, la pecaminosa, el viejo yo. El viejo yo gana la batalla y Pablo se vuelve esclavo del pecado el cual está en la naturaleza inferior o el viejo yo.

A través del viaje de Pablo como un cristiano, él habla aquí sobre el poder del creyente por medio del secreto de las dos naturalezas. Pablo dice, en mi mente yo deseo ser el siervo de Dios, pero en vez de eso me encuentro a mí mismo esclavo al pecado.

Así que puedes ver cómo es: mi vida me dice que hace lo correcto, pero la vieja naturaleza que aún está dentro de mí ama el pecado. Él necesita ser libertado del viejo yo y dice, ¿Quién me libertará de mí esclavitud a esta naturaleza de pecado y muerte? ¡Gracias a Dios! Ya ha sido hecho por Jesucristo nuestro señor, ÉL me ha hecho libre. La respuesta increíble de Pablo es que ya ha sido hecho por Cristo Jesús de manera posicional. Tenemos la victoria en Cristo y el poder por medio del Espíritu Santo para crucificar al viejo yo. Noten cómo en la versión RVR60 cierra el capítulo 7, "Así que, yo mismo con la mente sirvo a la ley de Dios, más con la carne a la ley del pecado." Romanos 8 nos muestra cómo el nuevo yo debe prosperar.

CAPÍTULO CUATRO

Veamos cómo Jesús nos liberta en Romanos 6:6-8.

"Sabemos que nuestro viejo hombre pecador fuer crucificado con Cristo para que el pecado perdiera su poder sobre nuestras vidas. Ya no somos esclavos al pecado. Pues cuando morimos con Cristo somos libertados del poder del pecado. Y ya que morimos con Cristo, sabemos que también viviremos con Él." Romanos 6:6-8 NLT

Me he dado cuenta que la mayoría de los cristianos no conocen esta verdad sobre el viejo hombre y el nuevo hombre. Primero, Pablo revela la Cristiandad posicional por medio de declarar que aquellos que nacen de nuevo fueron crucificados con Cristo. Esto también es llamado cristiandad sustitutiva. Dicho simplemente, Jesús murió en mi lugar, para que creyese y ya no viviera más para mí mismo. Cuando Pablo declara que el cuerpo del pecado, el viejo hombre, puede ser eliminado con eso, eso es algo condicional. ¡Puede es una palabra que expresa posibilidad! Significa que hay un proceso de santificación que debe ser invocado. Pablo dice que a medida que a travesamos la santificación, el pecado pierde poder. Posicionalmente, tenemos al hombre nuevo, el cual es libre del poder del pecado y ya no está esclavizado a el. El verso 7 declara que él que murió-¿murió a qué?-al viejo hombre. Creemos que debemos (presente/futuro) vivir con Él. Entonces, la única forma de escapar de la esclavitud del pecado es por medio de crucificar a la vieja pecaminosa naturaleza llamada el viejo hombre. Por Jesús, no tenemos que estar esclavizados a esa naturaleza más baja. Yo no discutiré acerca de los dos yos, sólo el Espíritu Santo puede dar una visión

HOMBRE VIEJO

y revelación en el tema de estas dos naturalezas. Nuestro viejo yo es el criminal.

Para cerrar este capítulo, la solución de Dios para el viejo hombre es la ejecución para que así el poder del pecado ya no lleve más al creyente a cautividad sino a la libertad por medio del nuevo hombre que ha nacido de nuevo, regenerado por el Espíritu Santo por medio de la crucifixión de Jesús, entierro y resurrección.

Recapitulando, el viejo yo es el producto del engaño, es decir, de la mentira de Satanás. La cual niega la palabra de Dios. El engaño entonces da a luz la lujuria o concupiscencia, deseos pervertidos y dañinos. Y cuando uno se rinde ante esto produce pecado, y el pecado cuando toma su curso, produce muerte. Este es el proceso degenerativo del viejo hombre de acuerdo a la escritura. El viejo hombre tiene dos características distintivas: primero, es corrupto (espiritual, moral y físicamente); y segundo, es un rebelde.

Capítulo Cinco
Hombre Nuevo

En el capítulo anterior, mencionamos el origen y la naturaleza del viejo hombre. Concluimos que el viejo yo es el producto del engaño, el cual es, la mentira de Satanás; la cual niega la verdad de la Palabra de Dios. El engaño da a luz lujuria, deseos pervertidos y dañinos. Cuando se cede a esto se produce el pecado, y el pecado cuando toma su curso, produce muerte. Este es el proceso degenerativo del viejo hombre de acuerdo a la escritura. El viejo hombre tiene dos características distintivas: primero, es corrupto (espiritual, moral y físicamente); y segundo, es un rebelde. Así que el viejo hombre responde ante el engaño, el producto de la mentira. El engaño es la acción, por medio de una mentira, que desvía o causa que se crea en ello. Esto produce lujuria maligna que causa pecado el cual lleva eventualmente a la muerte. Veamos las escrituras en Efesios:

> *"En cuanto a la pasada manera de vivir, despojaos del viejo hombre, que está viciado conforme a los deseos engañosos, 23 y renovaos en el espíritu de vuestra mente, 24 y vestíos del nuevo hombre, creado según Dios en la justicia y santidad de la verdad."* Efesios 4:22-24 RVR60

En este capítulo, voy a explicar la naturaleza y el origen del nuevo hombre. Nuevamente desde la escritura podemos ver claramente nuestro viejo yo y nuestro nuevo yo. Esto es algo que no puede ser discutido o explicado teológicamente. Esto es pura doctrina Bíblica o como la definición lo declara, un conjunto de creencias mantenidas y enseñadas por la Escritura. Aquellos que niegan la más baja naturaleza que hay por dentro han caído en engaño.

Vemos de nuestra escritura cuatro aspectos principales del hombre nuevo, primero, es producido por un acto creativo de Dios, la creación nacida de nuevo. Esto es algo que la humanidad no puede hacer por sí misma. En Juan 3 Jesús dice, Espíritu (Espíritu Santo) da a luz al espíritu (espíritu humano). Ningún acto del hombre produce la regeneración creativa del espíritu humano. La religión falla cuando hace o buenas obras o legalismo, el nuevo hombre es un acto creativo de Dios. Este acto creativo de Dios procede de la verdad, solo de la verdad de la Palabra de Dios. Este proceso es exactamente el opuesto al de cómo la muerte vino a través de la mentira. Desde nuestra Escritura, vemos que hay una naturaleza que produce en el hombre nuevo, esta

CAPÍTULO CINCO

naturaleza es justa y santa. Pablo dice, este hombre nuevo es a semejanza de Dios. Este nuevo hombre está acorde al propósito de Dios. El propósito o razón de Dios para Él crea al hombre nuevo es acerca de Su semejanza, era la determinación de Dios para realizar Su creación por lo que existe el hombre nuevo, Su propósito original para crear a la humanidad.

El hombre nuevo es la idea, el pensamiento y sugerencia del propósito original para el hombre. El hombre debía reflejar la semejanza de Dios y el hombre debía ser una expresión de Dios. Jesús siendo el último Adán, el final de algo, ha establecido la semejanza de Dios en sí mismo. Jesús es la expresión de Dios, de Su gloria y naturaleza. Jesús, la encarnación, expresó los pensamientos y sentimientos de Dios en palabras y hechos. Es en Jesús que el nuevo yo es restaurado a la semejanza de Dios en toda la tierra.

> *"No se mientan los unos a los otros, pues se han despojado de lo viejo yo (sin-regenerar) junto con sus hechos malvados, y se han revestido con lo nuevo (el yo espiritual), el cual está [siempre en el proceso de ser] renovado y remodelado en [en más y pleno conocimiento sobre] el conocimiento de Quien lo creó a su imagen (semejanza)." Colosenses 3:9-19 AMP*

Pablo dice que la mentira es la manifestación de la raíz o la expresión del viejo yo. Todas las mentiras tienen su origen en Satanás y él es un mentiroso por naturaleza. Pablo continúa diciendo, que nos revistamos del nuevo hombre quien ha sido renovado a una verdad y a perfecto conocimiento acorde a la imagen o semejanza de Dios quien es el creador del nuevo hombre.

Colosenses declara, que el nuevo yo está siendo remodelado o progresivamente renovado. Cuando miras de nuevo a Efesios 4, Pablo está enfatizando el acto de creación, pero en Colosenses, Pablo enfatiza el proceso de ser regenerado. Podemos concluir tanto de Efesios como de Colosenses la especial importancia en la que Pablo desea que los lectores se enfoquen. No simplemente en la creación del nuevo hombre, sino en el proceso de santificación del nuevo hombre. Si perdemos la vista de estos dos puntos los cuales enfatiza Pablo, entonces podemos extraviarnos y caer en un error doctrinal.

El primer significado de la santificación es el ser apartado para Dios. Esto sucede cuando nacemos de nuevo, el acto creativo de Dios de regenerar el espíritu humano de aquellos que aceptan a Cristo como Señor y Salvador. La santificación también implica un curso de vida que corresponde a nuestra salvación, y este es el proceso: el proceso es la separación del creyente de las cosas malas. Pablo está declarando, esta es la voluntad de Dios. Así como como la verdad de la Palabra de Dios dio a luz, así es el evangelio que llama y el creyente que debe aprender a medida que este enseña. La dirección del Apóstol para el nuevo hombre es que primero vuelva al verdadero conocimiento de Dios y segundo, usa la imagen de su creador, el nuevo hombre reflejando la semejanza de Dios. Así que el nuevo hombre está siendo progresivamente renovado, y segundo completando los dos propósitos finales de Dios – el verda-

CAPÍTULO CINCO

dero conocimiento de Dios y la restauración de la imagen o semejanza de Dios por medio de su santidad.

El Hombre Nuevo Manufacturado

¿Qué dice la Biblia sobre cómo es producido el hombre nuevo? Efesios 2:24 dice, él es creado por un nacimiento. Creado es la palabra operativa. En el evangelio de Juan capítulo 3, versos del 3-9, Jesús habla sobre el nacer de nuevo. La teología usa la palabra regeneración. Regeneración es un acto secreto de Dios en el cual Él nos imparte nueva vida espiritual. Juan 1:13 incorpora esta declaración "nacido de Dios." En el trabajo de la regeneración. No jugamos un rol activo, es completamente un obrar de Dios. Juan 1:13 especialmente dice que aquellos que son hijos de Dios son nacidos de Dios. Ezequiel 36:26-27 referencia al viejo hombre y al nuevo hombre:

Les daré un nuevo corazón, y les infundiré un espíritu nuevo; les quitaré ese corazón de piedra que ahora tienen, y les pondré un corazón de carne. 27 Infundiré mi Espíritu en ustedes, y haré que sigan mis preceptos y obedezcan mis leyes. Ezequiel 36:26-27 NVI

La obra soberana de Dios en la regeneración es lo que Él promete a través de la palabra profética de Ezequiel, que en el futuro, Él daría una nueva vida espiritual a aquellos que aceptaran la obra de expiación de Cristo. Es Dios trabajando como la tercera persona de trinidad, el Espíritu Santo, para producir regeneración. Como en 1 de Pedro 1:23, "pues ustedes han nacido de nuevo, no de una simiente perecedera sino de una imperecedera, mediante la palabra de Dios que vive y permanece." En Ezequiel fue una palabra profética, y en Pedro, es una palabra escrita, aun así en ambas su fuente proviene de Dios. Cuando Dios habla, es difícil definir la exacta relación entre el tiempo en medio de la regeneración y la proclamación del evangelio, pero Dios está llamando efectivamente al hombre a salvación por medio de Su Palabra. Lo diré de esta manera, cuando Dios habla, Él efectivamente está llamado o convocando hacía sí mismo a las personas que reciben una nueva vida espiritual a través de la regeneración.

El Nuevo Testamento es muy claro sobre la posición espiritual del viejo y nuevo hombre. El viejo hombre está muerto, y produce obras de muerte. Pero el hombre nuevo está vivo espiritualmente, está viviendo para Dios, y produce obras de justicia y santidad. Así como recibimos la Palabra de Dios por Fe y la obedecemos, el Espíritu de Dios saca en nosotros la misma naturaleza de Dios. Como Derek Prince decía en sus enseñanzas; divino, incorruptible y eterno.

Estamos hablando de cómo el nuevo hombre es producido o manufacturado. Uso la palabra manufacturado porque da la idea que es algo es construido progresivamente. Hay un inicio, y este empieza con ser nacido de nuevo. Esta nueva creación también está construida. Está diseñada y por un proceso de construcción está hecha para ser la reflexión o una imagen de Dios, en verdad, justicia y santidad.

CAPÍTULO CINCO

El nuevo yo es incorruptible, es la propia naturaleza de Dios que sale de la Palabra de Dios. Esa simiente de la Palabra de Dios predicada, o la palabra de Dios viviente [Jesús] recibió y creyó el traer a vida, dar a luz la naturaleza y la persona de Dios, Jesús.

> *Con Cristo estoy juntamente crucificado, y ya no vivo yo, mas vive Cristo en mí; y lo que ahora vivo en la carne, lo vivo en la fe del Hijo de Dios, el cual me amó y se entregó a sí mismo por mí. Gálatas 2:20 RVR60*

Podemos ver los dos yos claramente. Pablo dice que la programación de Dios para el viejo yo es la crucifixión, esa es, la vida que Pablo vive en la carne. Para vivir en fe, Pablo dice, es poner en obras la Palabra de Dios y dejar que se construya dentro de nosotros el nuevo hombre, es decir, que se forma la imagen de Dios dentro de nosotros. No vamos a ningún lado hasta que el viejo yo sea ejecutado. Nuestro viejo hombre fue crucificado en la cruz con Cristo y Pablo dice que es ahora Cristo quien vive en él, y ya no vive para su viejo yo. Esto es llamado cristiandad posicional y condicional. Posicional; mi viejo yo fue crucificado en la cruz juntamente con Cristo, pero condicional; mi viejo hombre está atravesando un proceso de muerte. La clave para el Nuevo Testamento es el entender que posicionalmente yo vivo en Cristo y tengo el poder de decir no al pecado por medio de la gracia de Dios. En la medida en que aun vivamos en esta Era maligna, la naturaleza pecaminosa o el viejo hombre siempre serán un recordatorio de qué tan malo es el pecado. Es diseñado por Dios en esta Era el hombre

HOMBRE NUEVO

tenga tiene una conexión al pecado, de modo que podamos ver realmente cuán dañino es el pecado. Cada creyente debe entender la correcta enseñanza de justificación, santificación y glorificación en el Nuevo Testamento.

Cómo desarrollar al nuevo hombre

Pablo dice en Efesios 4:23, hay algo que debemos hacer. Él dice que debemos renovar el espíritu de nuestra mente. Para poder despojarnos del viejo yo, debe haber un completo cambio en la mente, en la forma en la que pensamos. Lo que Pablo está proclamando se está convirtiendo una persona completamente diferente, para ser transformada por dentro a la semejanza de Jesús. El hombre viejo es un hijo del diablo; fue producto de engaño. El engaño o la decepción activa la lujuria, la concupiscencia y cuando se actúa en está, los deseos dañinos traen consigo muerte. El hombre nuevo tiene la habilidad en Cristo Jesús de alterar lo acuerdo que el hombre viejo haya hecho con el enemigo. El nuevo yo ha nacido de Dios, él es un hijo de Dios, y por medio de la mente transformada, se mueve de las tinieblas a la luz. Pablo explica poderosamente estas dos condiciones en Romanos, capítulos 6-8. En el nuevo nacimiento espiritual, el poder del pecado sobe nosotros fue quebrantado. Espiritualmente nos convertimos parte de Cristo Jesús a través de Su muerte y resurrección. Por medio de la muerte de Jesús, la naturaleza pecaminosa fue quebrantada, pero no deshecha. Podemos decir, que fue herida mortalmente, quedó impotente, por así decirlo, para el nuevo hombre nuevo. Nos hemos convertido en parte de Cristo – nosotros posicionalmente morimos con Él, y ahora

CAPÍTULO CINCO

nosotros posicionalmente compartimos Su vida a través de nuestro espíritu nacido de nuevo. Posicionalmente, nuestro antiguos malos deseos por medio del viejo yo han sido clavados en la cruz con Cristo, han sido juzgados, aplastados y heridos fatalmente. Esto sucede para que nuestro viejo yo amante del pecado ya no siga más en control del pecado. Nosotros, que somos espirituales sabemos que el pecado es una persona, y esa persona y su reino han estado pecando desde el principio. El hombre nuevo no necesita seguir esclavo al pecado.

Pues cuando somos controlados por la nueva naturaleza, el hombre nuevo, somos amortiguados, protegidos ante el poder y control del pecado. Nos hemos liberado de todas sus pasiones que atraen o seducen y esto significa estar libre del poder del pecado sobre nosotros. Pablo revela que al morir nuestro viejo yo posicionalmente junto con Cristo, sabemos pues que nuestro nuevo yo compartirá vida con Él. Aquí vemos la santificación. Esto es lo que Pablo estaba diciendo sobre renovar la mente. La mente renovada entiende que la muerte ya no tiene más poder por medio del hombre viejo, porque el hombre nuevo comienza a vivir una vida de inquebrantable comunión con Dios.

La transformación de la mente inicia cuando miramos nuestra vieja naturaleza pecaminosa, sus pasiones y deseos como muertos y que ya no nos controlan. Podemos decir, que ya no respondemos al pecado. el nuevo yo está vivo para Dios, alerta y receptivo al Espíritu Santo, por medio de nuestra vida nueva en Cristo Jesús. La mente del nuevo yo ya no permitirá que el pecado controle el cuerpo. No cederá ante los deseos pecaminosos, y rechazará que el viejo yo se convierta en instrumento o herramienta de maldad por medio de glorificar el poder del pecado. El nuevo yo se ha entregado completamente a Dios. La mente del nuevo yo dice, cada parte de la creación, espíritu, alma y cuerpo es obediente al Espíritu de Dios como instrumentos de justicia para ser usado para el propósito de Dios.

La nueva creación [nuevo yo] dice, yo nunca seré esclavizado por el pecado otra vez por medio del viejo yo. Dice, el pecado ya no será más mi amo porque ya no estoy atado a las leyes que traían consigo muerte, donde el pecado estaba empoderado. La mente del nuevo yo dice, yo soy libre por medio de Cristo, empoderado sobre el viejo yo y el pecado, y completamente bajo el control del Espíritu Santo, experimentando el favor y la misericordia de Dios. Es por esto que el creyente no puede vivir más voluntariamente en el pecado. Ya no elijo voluntariamente rendirme al pecado del viejo yo que es empoderado por el pecado y que hace que nos rindamos a esa persona, al pecado, como amo. La gracia de Dios nos muestra que el hombre creado de nuevo no continuará pecando. La mente transformada del nuevo yo dice, si no le puedo decir a la persona de pecado, seré liberado por medio de Cristo. La liberación es mi única opción. El nuevo yo entiende las leyes de Dios, y se da cuenta que puede rendirse al viejo yo y a la muerte o puede elegir la obediencia y ser absuelto.

Como alguien que ha hecho miles de exorcismos les digo, si elegimos obedecer al pecado, le obedeceremos la persona espiritual de maldad. La Biblia dice que a quien nos ofrez-

CAPÍTULO CINCO

camos y obedezcamos, ese tomara control de nosotros y se convertirá en nuestro amo. Eso significa que nosotros le permitimos por medio del viejo yo que no esclavice a ese espíritu maligno.

Por medio de la creación de Dios del nuevo yo, ahora obedecemos con nuestros corazones el evangelio, el cual Dios nos ha encomendado. En la medida en que el hombre nuevo empieza a reinar, condicionalmente, estamos siendo libres del nuestro hombre viejo, ya no estamos bajo su mandato y su poder de pecado. Sino que a través del nuevo yo tenemos un nuevo amo, Cristo Jesús, y nosotros reinamos y gobernamos a través de la justicia y la santidad. Pablo está escribiendo de esta forma, usando ilustraciones de esclavos y amos, porque es más sencillo de imaginar y comprender. En Cristo, somos para ser esclavos a todo lo bueno y santo, exhibiendo y reflejando la imagen y semejanza de Dios.

La mente del nuevo yo, desea exposición o ser expuesta, puesta en contacto con el Espíritu Santo. Yo elijo la palabra expuesta porque esto significa experimentar, una condición, identidad o hecho. En Romanos 12:2, Pablo dice que el nuevo hombre aprenderá de la exposición cómo los caminos de Dios son realmente, y a través de ellos seremos satisfechos. La mente del nuevo yo dice, el comportamiento o costumbres de este mundo o Era maligna no son para obedecerlos. Ese es el Espíritu Santo obrando a través del nuevo yo, el cual nos trae la verdad. Él nos enseña a superar al viejo yo, y al hacerlo, derrota los poderes del pecado y espíritus malignos que gobiernan esta era maligna. Conformarse a este mundo es dejar que el viejo se salga con la suya, tenga cabida en nuestras vidas. El ser transformados, es el rendirnos, cedernos al nuevo yo quien es empoderado por el Espíritu Santo. El nuevo yo está buscando la voluntad de Dios, el cual es el desarrollo y madurez del nuevo yo. El desarrollar significa a travesar un proceso de crecimiento y avance, siendo refinados a la semejanza e imagen de Cristo Jesús. Madurar es crecer en nuestra salvación: a travesando etapas de pensamiento, alcanzando las etapas más avanzadas del nuevo yo, mientras nuestra mente es renovada en la voluntad de Dios. Podemos entender esto o ir un paso más allá en Efesios 1:18,

> Mi oración es que los ojos de vuestro corazón sean iluminados, para que sepáis cuál es la esperanza de su llamamiento, cuáles son las riquezas de la gloria de su herencia en los santos, Efesios 1:18 LBLA

Vemos a Pablo decirle al creyente lo que necesita suceder más adelante en la transformación de la mente y el nuevo yo. Observen, es el Espíritu Santo quien inunda nuestros corazones con la luz o la verdad, para que así podamos ver la esperanza de nuestro llamamiento, el completo desarrollo del nuevo yo y su destino. Por medio de nuestro desarrollo, a medida que avanzamos en nuestro llamamiento o maduramos en el nuevo yo, participamos en el futuro o en el poder de la siglo venidero, en la cual todos hemos sido llamados a compartir. Hay un día que vendrá cuando el nuevo yo sea completamente manifestado, ese día vendrá en la resurrección. Pablo dice, que la carne ni sangre pueden heredar el Reino de Dios (1 Corintios 15:50). Nuestros cuerpos deben pasar por una transformación para que ya no

CAPÍTULO CINCO

sea de carne y sangre, sino que sean un cuerpo espiritual. El viejo yo quien tiene naturaleza de Satanás, que también está hecho de carne y sangre que está corrupto por el pecado, morirá, esto es parte de la maldición. También es un testigo para el creyente hoy, el no permitir más que el viejo yo reine en nuestros cuerpos mortales.

Sabemos que el juicio terminará esta Era maligna y traerá los hijos del Reino a su completa herencia del Reino, que es, la finalización del nuevo yo. Qué pasará al final de esta Era pecaminosa, Jesús dice que los ángeles vendrán y separarán los maligno de los justo. Aquellos que ha elegido vivir desde el nuevo yo será glorificados y brillaran como el sol en el Reino de Dios. Y aquellos quienes han vivido acorde al viejo hombre, no han conocido verdaderamente a Dios, ellos serán arrojados al horno ardiente donde habrá llanto y crujir de dientes. Es desde el nuevo yo que conocemos a Dios. Pablo dice que nuestros corazones habían estado en oscuridad y es el Espíritu Santo quien trae a nuestros corazones la luz de la verdad.

Cuando Jesús regrese al final de esta Era maligna (Apocalipsis 19:11-16) y antes de Era que ha de venir (Apocalipsis 21:1) hay un intervalo donde los santos son levantados para gobernar con Cristo por mil años. Aquí es cuando el nuevo yo será manifestado en su plenitud, en el milenio. La Era de la Iglesia es el periodo de la gloria invisible de Cristo, para que el nuevo yo sea concebido. Pablo dice en Filipenses 3 que él lo ha dado todo, muriendo a su viejo yo, para que él así pudiera venir a conocer a Cristo completamente y experimentar el enorme poder por medio del nuevo yo

HOMBRE NUEVO

o como la Biblia Viviente lo declara, lo trajo de vuelta a la vida. Pablo dice que él no fue hecho perfecto ni la nueva creación fue hecha perfecta, pero dice que continuará trabajando en pos de ese día cuando finalmente sea todo para lo que Cristo lo creo que fuera.

El Milenio será un periodo de la gloria manifiesta de Cristo y todos aquellos que han creído en Él. La glorificación del nuevo yo será un testigo del Reino triunfante de Dios dentro de la historia, el Milenio. El Milenio es el reinado visible de Cristo, así que la Era a venir [eternidad] es el reino/reinado del Padre. Escrituralmente es llamado el siglo venidero. En ese tiempo, en la Era que ha de venir, ahí habrá resurrección de la muerte, de aquellos que han vivido gobernados por el viejo yo, y la destrucción de los dioses de la Era maligna.

Apocalipsis 20 habla de dos resurrecciones, una al inicio del Milenio y una segunda resurrección al finalizar el Milenio. También encontramos etapas en la conquista sobre Satanás y los ángeles caídos. Cuando Jesús regrese al final de esta Era maligna e inicie el Milenio, Satanás y sus ángeles serán tirados al abismo y encadenados por mil años. Tienes que prestar mucha atención en esta parte. El regreso de Jesús es la glorificación del nuevo yo para aquellos que han creído mientras esta Era maligna duro. Al final del Milenio, Satanás y sus ángeles caídos son desatados para que participen nuevamente en sus actividades malvadas y pecaminosas. Una parte de la humanidad sobrevivirá a la tribulación y entrará en el Milenio, y aunque Cristo gobierne, el viejo yo en su interior responderá al mal y a las atrac-

CAPÍTULO CINCO

ciones del mal a través de ese hombre viejo, y se rebelará contra Cristo. ¿Cómo sucede esto? El viejo yo responde al padre de la mentira. Nos preguntamos, ¿qué tan poderoso es el hombre viejo? Cuando el Cristo glorificado este reinando en gloria y poder durante el Milenio, Satanás y los ángeles caídos aún encontraran corazones de hombres que se rehúsen a la salvación y que todavía siguen receptivos al pecado a través del viejo yo.

Es por esto que el Espíritu Santo tiene que traer la luz de la verdad. Es solo a través de la verdad que podemos ver lo que Dios tiene para nosotros en el nuevo yo. Lo que no podemos olvidar y que es vital al crecimiento del nuevo yo es que Espíritu Santo está obrando a través del espejo de la Palabra de Dios. En la medida en que nuestras mentes son renovadas, el nuevo yo, la nueva creación opera desde la era a venir. Hoy, tenemos la elección de obedecer el mensaje de la Palabra de Dios, no simplemente escucharlo y ya. No caigas presa del viejo yo, pues si sólo escuchamos y no obedecemos, es estar viendo al espejo que refleja el nuevo hombre, pero si nos alejamos de él y lo olvidamos, ya no lo veremos más. A esto es a lo que Santiago se refiere. Pero, si nos fijamos constantemente en la Palabra de Dios, lo recordaremos y haremos lo que dice y seremos transformados a la semejanza de Cristo. Somos bendecidos por Dios en la medida en la que se desarrolla en hombre nuevo. Santiago dice que la Palabra de Dios es un espejo que se muestra frente a nosotros. El nuevo yo se refleja en ese espejo, pero algunos se alejarán e ignorarán esa semejanza, seguirán al hombre viejo y perecerán. ¡Este es el creyente tibio! ¡Destinado a la destrucción! Por otro lado algunos verán hacía la ley de libertad, libertad del viejo yo, mirando atentamente y sumergiéndose en ello, este es el creyente que vive bendecido en esta era de maldad. ¡Pues el espejo está revelando lo que la gracia de Dios desea para el nuevo yo, la libertad!

Ahora bien, el Señor es el Espíritu; y donde está el Espíritu del Señor, hay libertad. 18 Pero nosotros todos, con el rostro descubierto, contemplando como en un espejo la gloria del Señor, estamos siendo transformados en la misma imagen de gloria en gloria, como por el Señor, el Espíritu. 2 corintios 3:17-18 RVR60

Pablo dice, el Señor es Espíritu, y donde está el Espíritu de Dios, ahí está el nuevo hombre, y ahí hay libertad. Por medio de la nueva creación, el velo ha sido removido y podemos ver por medio del nuevo yo y al hacer esto, reflejar la gloria del Señor. El reflejo de Dios es por medio del desarrollo del nuevo yo en la medida en que es transformado. Observen, la transformación del nuevo yo a la misma imagen del Señor, yendo de gloria en gloria, mientras el Espíritu Santo nos hace más y más como Jesús. La imagen de Dios es restaurada por medio del hombre nuevo, y es un proceso de continua victoria. Noten, Él que está haciendo que este proceso funcione es el Espíritu Santo. Aun así, Él sólo trabaja si nos estamos viendo en el espejo de la Palabra de Dios, deseando la obediencia.

Hay un principio más que es importante y no podemos dejar de lado, y es este: el hombre nuevo crece a costa del hombre viejo. El nuevo yo prueba y ve que esta nueva vida es satisfactoria, plena y dice, Jesús debe crecer y yo debo

CAPÍTULO CINCO

menguar. Digámoslo de la siguiente manera, el hombre nuevo en Cristo debe crecer, aumentar y el hombre viejo creado en semejanza a Satanás debe menguar. ¡Lo que estoy implicando es que tan sólo en proporción a la voluntad de morir a mi viejo yo crecerá mi nuevo yo! Tiene que haber muerte si va a haber nueva vida. Un par de punto claves aquí, debemos aceptar lo que Dios dice acerca del hombre viejo, y este debe ser crucificado. Posicionalmente, el hombre viejo fue crucificado en Cristo, Romanos 6:6, y condicionalmente, debemos considerarnos a nosotros mismo muertos al poder del pecado Romanos 6:11. Estos son dos hechos que se deben recibir por fe ya que es la Palabra de Dios. ¡Muchos escritores y teólogos no pueden aceptar estos dos hechos escriturales! Nuevamente, el primer hecho es, posicionalmente, el viejo yo pecador fue crucificado y el segundo, condicionalmente, no podemos dejar que el pecado controle la forma en la que vivimos por medio de ceder antes los deseos pecaminosos. No podemos permitir que ninguna parte de nuestro cuerpo se convierta en instrumento del maligno para servirle al pecado (Romanos 6:12-13). Pablo dice que el viejo hombre quiere ir por ahí actuando como si él tuviera derechos. No podemos ceder, sino vivir en el nuevo yo que está vivo en Cristo Jesús. El nuevo yo se presenta a sí mismo al Espíritu Santo por medio rendir todos sus miembros. ¿Qué le da entrada al Espíritu Santo? La obediencia. Estos son los hechos, y está es teología correcta. Entonces, debemos examinar la verdad de la Palabra de Dios y dejar que nos revele las dos naturalezas – lo que éramos por naturaleza, el hombre viejo y lo que ahora nos hemos convertido por medio de la gracia, el nuevo yo. Debemos negar sistemáticamente los deseos del

HOMBRE NUEVO

hombre viejo y rendirnos a la influencia del Espíritu Santo. El resultado puede ser expresado en una Palabra de nuestra conducta – obediencia.

La Agenda de Dios para el Nuevo Yo

Para entender el propósito de Dios para el nuevo hombre, debemos darnos cuenta que cuando Dios arregla un propósito para el hombre, Él nunca se rinde. Así que debemos empezar por el principio. Desde la Escritura, aprendemos que el pecado y Satanás pueden retrasar la razón de Dios por la cual el hombre fue creado, pero ninguno de los dos puede finalmente frustrarlo. El hombre nuevo fue creado en justicia, santidad y verdad. El hogar del hombre nuevo es la Era que ha de venir. El hombre nuevo no pertenece a esta Era de maldad, no le gusta el pecado, la enfermedad y sufrimiento. En la venida de Cristo, cuando los justos sean resucitados, el nuevo hombre experimentará la plenitud del Reino de Dios. El nuevo yo tiene la capacidad de recibir las bendiciones de la Era futura en el presente. Cristo se entregó por nuestros pecados para libertarnos de la presente Era maligna. ¿Cómo puede la humanidad que vive en esta era maligna ser libre de ese poder? La liberación viene del poder del siglo que ha de venir y vive en el hombre nuevo.

Pues es imposible [restaurar o traer de vuelta a arrepentimiento] a aquellos que una vez fueron iluminados, quienes conscientemente probaron de los dones celestiales y ahora se ha vuelto partícipes del Espíritu Santo,

CAPÍTULO CINCO

Porque en el caso de los que fueron una vez iluminados, que probaron del don celestial y fueron hechos partícipes del Espíritu Santo, 5 que gustaron la buena palabra de Dios y los poderes del siglo venidero,6 pero después cayeron, es imposible renovarlos otra vez para arrepentimiento, puesto que de nuevo crucifican para sí mismos al Hijo de Dios y le exponen a la ignominia pública. Hebreos 6:2-6 LBLA

Debido al poder de las dos naturalezas, esas características internas que están graficadas en la composición química de la persona, las cualidades heredadas, si en una ocasión la persona nace de nuevo, se regenera, pero regresa al mundo, no sirve de nada tratar de devolverla al señor otra vez. La frase clave del escritor de los hebreos y la gran división en la teología del cuerpo del Cristo; si la persona ha entendido el arrepentimiento, el poder dentro del nuevo hombre sobre el pecado, experimentó el proceso continuo de la transformación del hombre nuevo, la presencia y poder de Cristo Jesús en ellos a través del Espíritu Santo, y aun así regresan a esas naturalezas inferiores, al hombre viejo, no sirve traerlos de vuelta a arrepentimiento. He visto conversaciones muy acertadas, toques del Espíritu Santo, pero cientos no han entendido, y han dado su espalda a esto pues su viejo hombre ama al mundo.

Algunas escuelas de pensamiento les gusta decir que la persona que se aleja del Señor en realidad nunca fue salva. Estas escuelas de pensamiento también dicen, una vez salvo siempre salvo. Ellos citan 1 Juan 2:19:

HOMBRE NUEVO

Ellos salieron de nosotros [viéndose cristianos en un inicio] pero en realidad no eran de nosotros [porque no eran realmente nacidos de nuevo ni trasformados espiritualmente]; pues si hubieran sido de nosotros, ellos hubieran permanecido con nosotros; pero salieron [enseñando falsa doctrina], a fin de que se manifestara que ninguno de ellos es de nosotros. 1 Juan 2:19 AMP

Balanceando estas escrituras de Hebreos y Juan apropiadamente, el secreto se encuentra en el hombre viejo y el hombre nuevo. Hebreos 6 dice que una vez ellos entendieron el evangelio. Esto se alinea con 1 Juan 2 donde dice que "viéndose como cristianos". Ellos probaron de las cosas buenas del cielo y del Espíritu Santo, incluso sabiendo la Palabra de Dios. Debemos parar aquí mismo, si alguien pertenece al mundo, ellos nunca pueden probar los poderes del cielo, porque ellos no han nacido de nuevo y le pertenecen al diablo. La Biblia claramente enseña que un hombre debe nacer de nuevo para entrar o probar el Reino de Dios. El poder del siglo venidero. Y para entrar al Reino de Dios uno debe ser regenerado.

¿Qué es lo que Juan realmente está diciendo en balance con Jesús y Hebreos? Él está diciendo que tal persona nunca permitió que la experiencia de ser nacido de nuevo impactara su vida o echara raíces y creciera, así como en Mateo 13. 1 juan 2:19, al ver esta escritura por encima y solo basándonos en ella, podríamos concluir que la persona nunca fue salva. Pero sería completamente contradictorio con la enseñanza que Jesús da en Juan 3 sobre la entrada al Reino a través de una experiencia de ser nacido de nuevo.

CAPÍTULO CINCO

Hebreos incluso dice que ellos se han vuelto en contra de Dios. Tú no puedes ir en contra de Dios a no ser que te hayas ido primero hacía Él.

Mientras volvemos a la agenda de Dios, en Efesios 1:11, Pablo dice, por lo que Cristo ha hecho, tenemos destino, reclamados por Dios como Suyos, para una herencia, siendo predestinados o elegidos desde antes acorde al propósito de Dios en Cristo quien obra acorde a Su consejo y al diseño de Su voluntad. Todo se está alineando con el propósito y voluntad de Dios. Esto es acorde al propósito original de Dios al crear al hombre. El pecado, enfermedad, incluso Satanás, pueden haber retrasado el plan de Dios para el hombre, pero ultimadamente no puede detenerlo. Dios eventualmente obrará Su propósito y Su plan. Este plan está claramente retratado en lo que el Nuevo Testamento llama el hombre viejo y el hombre nuevo. En Génesis 1:26-28, la Biblia revela lo que Dios hizo en Cristo y que elegantemente se presenta en el Nuevo Testamento. Génesis está hablando de la humanidad, no solo del hombre como individuo. Miremos los dos propósitos principales de Dios en la creación de la humanidad. El hombre debe reflejar la semejanza de Dios porque él es hecho a su imagen y semejanza. Dios no descansó hasta que no produjo su semejanza en la creación. El segundo propósito en crear un hombre es para ejercer la autoridad de Dios. Si el hombre fue creado a la imagen de Dios, entonces en medio de esa imagen está la autoridad. El hombre está para gobernar la tierra de parte de Dios. Salmos 115:16 confirma que el hombre gobierna en los intereses de Dios. La autoridad del hombre se encuentra en la medida en la que gobierna como Dios gobernaría, ejerciendo la autoridad de Dios sobre toda la tierra.

Cuando el hombre pecó, frustró ambos propósitos de Dios para el hombre. Vemos que la imagen y semejanza de Dios se echaron a perder, y el hombre se convirtió en esclavo. Jesús vino y restauró la imagen y semejanza de Dios por la declaración en Juan 14:9, Si me han visto a mí, entonces también ha visto al Padre. Esta es la revelación de la semejanza y autoridad del hombre nuevo. En Juan 14:10, Jesús dice que el Padre quien moró en Él hace el trabajo. Jesús está diciendo que las palabras y las obras son de la autoridad del Padre.

En Juan 20:21, entonces Jesús dijo nuevamente, "paz a vosotros, como el Padre me ha enviado, también los envío a vosotros." En la misma manera que el Padre envío a Jesús y en las victorias que Jesús logró, así también debemos atravesar a la nueva creación. Jesús vino en autoridad del Padre, ahora nosotros, a través del nuevo hombre, vamos en esa misma autoridad a través de Cristo Jesús. Esto es muy importante entenderlo. Nuestra autoridad como creyentes está en entender cómo opera el Reino de Dios, esto solo viene a través del nuevo yo.

Jesús vino a cumplir los propósitos del Padre que Adán debido a su caída no pudo cumplir. El pecado trajo consigo al hombre viejo, el cual estaba y está inhabilitado de seguir o completar exitosamente el plan de Dios para la humanidad. El nuevo hombre ahora puede revelar nuevamente la semejanza de Dios y ejercer Su autoridad. Jesús ha hecho el

CAPÍTULO CINCO

camino para que todos hagamos así como Él hizo.

> *Porque a los que de antemano conoció, también los predestinó a ser hechos conforme a la imagen de Su Hijo, para que Él sea el primogénito entre muchos hermanos;* Romanos 8:20 LBLA

Esta es un escritura perfecta del destino de Dios para el nuevo yo. Pablo está describiendo el propósito de Dios para el nuevo hombre y usa la palabra 'conforme'. Significa hacerlo de forma similar o "traer a la misma forma con" alguna otra persona o cosa, "hacer como." El sustantivo morphē se refiere a la expresión externa de una esencia o naturaleza interna. Por consiguiente, en el proceso de santificación, el santo es transformado en la vida de su corazón interno para parecerse al Señor Jesús. El nuevo ser transformado a la imagen, semejanza, con autoridad, en la medida en la que crece en la naturaleza de Cristo Jesús. Noten que era el propósito de Dios el traer muchos hijos e hijas a la semejanza de Jesús.

Para cerrar este capítulo, vamos a ejercitar la autoridad de Cristo en su nombre.

> *Y acercándose Jesús, les habló, diciendo: Toda autoridad me ha sido dada en el cielo y en la tierra. 19 Id, pues, y haced discípulos de todas las naciones, bautizándolos en el nombre del Padre y del Hijo y del Espíritu Santo, 20 enseñándoles a guardar todo lo que os he mandado; y he aquí, yo estoy con vosotros todos los días, hasta*

HOMBRE NUEVO

el fin del mundo. Mateo 28:18-20 LBLA

Después de la resurrección de Jesús, Él dijo que toda autoridad pertenece a Él Y Él ahora nos envía en el poder de nuevo yo transformado. Vamos en el nombre de Jesús a ejercer autoridad con demostración de Poder como Sus representantes. Hacer discípulos está expresado como creyentes que enseñan y modelan cómo ejecutar y despojarse del hombre viejo y cómo liberar y vestirse del hombre nuevo en el poder de Cristo Jesús. Lo que enseñamos es la autoridad delegada del Señor Jesucristo.

¡Y un punto más de gran importancia! El propósito de Dios en traer a luz muchos hijos e hijas es para traer un cuerpo colectivo de creyentes como un hombre nuevo así como se declara en Efesios 2:14-15.

Porque El mismo es nuestra paz, quien de ambos pueblos hizo uno, derribando la pared intermedia de separación, 15 aboliendo en su carne la enemistad, la ley de los mandamientos expresados en ordenanzas, para crear en sí mismo de los dos un nuevo hombre, estableciendo así la paz, Efesios 2:14-15 LBLA

El propósito general de Dios para el hombre nuevo es un cuerpo de creyentes que operen como un hombre nuevo. Esto no puede suceder a no ser que la iglesia vuelva nuevamente al Espíritu Santo. El diseño de Dios para el hombre nuevo es que opere a través del cuerpo corporativo, la Iglesia, para traer a luz su semejanza y autoridad. Observen en

CAPÍTULO CINCO

Efesios 4:16, a partir de quien ahora es un cuerpo, siendo ajustado y manteniéndose unido por lo que cada articulación suple, de acuerdo con el funcionamiento adecuado de cada parte individual, provoca el crecimiento del cuerpo para la construcción de sí mismo en el amor.

Debemos ser un solo cuerpo corporativo completo, expresando un nuevo hombre corporativo. Este hombre nuevo debe recrear el ministerio terrenal de Cristo y al hacerlo cumple los dos propósitos de Dios, revelando a Dios al mundo y ejerciendo la autoridad de Dios en Cristo Jesús.

Capítulo Seis

La Guerra de Naturalezas

Romanos 5:12-8:39

Lo que la mayoría de las personas no ven en los pasajes teológicos de la Biblia, como lo estamos viendo aquí, es lo sobrenatural detrás de la teología. Mientras examinamos la muerte del hombre viejo a través de Adán y la vida en hombre nuevo a través de Cristo Jesús; muerte en el pecado y vida en Cristo; el hombre viejo un esclavo, el hombre nuevo libre por medio de la justicia; la guerra entre el hombre viejo y hombre nuevo y nuestra vida, poder y glorificación por medio del Espíritu Santo, voy a intentar sacar a relucir lo sobrenatural en la medida en la que progresamos a través de estos textos de salvación a libertad. Vamos a ver cómo el poder de Dios ha estado y está lidiando con nuestra posición en Cristo y nuestra condición en Adán.

Pablo inicia diciendo que Adán pecó, él se involucró en malas acciones al transgredir intencional y moralmente la ley de Dios. Él estaba actuando en contra de la voluntad de Dios al elegir ir en dirección opuesta al camino y curso que Dios había elegido para él. Al elegir obedecer a Satanás, Adán se entregó a sí mismo y a la humanidad a un principio gobernador donde fundamentalmente viviríamos en un sistema de creencias y comportamientos que iniciarían cadenas de razonamientos que están enraizados y establecidos en mentiras. Adán encontraría otra naturaleza obrando dentro de su cuerpo que tenía poder sobre él, y esto trajo consigo pecado. Él pecado ahora tenía un asiento, una residencia permanente, en la voluntad del hombre. El hombre reconocería el pecado pues este se manifestaría a sí mismo en la consciencia de la humanidad. El poder del pecado sería visto por medio de las decisiones humanas mientras él permitía a su cuerpo volverse un instrumento para el mal. Adán ahora determinaría lo que él consideraba legal o no. Adán por naturaleza ya no tendría más la habilidad de cumplir la ley de Dios. Mientras que nosotros, la nueva creación, estemos atrapados en nuestro cuerpo humano, la carne, la presencia moradora de pecados continuará produciendo desorden, desenfreno. La naturaleza pecaminosa proviene de Satanás y de los ángeles caídos. Si Satanás, una metáfora para los caídos, ha estado pecando desde el principio, entonces sería razonable decir que un principio satánico mora en el hombre viejo, ya que también pecamos. Cuando Satanás y los caídos se rebelaron, ellos contrajeron un juicio de Dios hablado sobre ellos a los largo de los siglos. Cuando Adán pecó, Dios habló una maldición sobre él, pero también dijo que redimiría a la

CAPÍTULO SEIS

humanidad a través de Cristo Jesús.

Cuando Adán pecó, el pecado entró el mundo o a la completa raza humana y la humanidad empezó a pecar. Su pecado esparció muerte a todo lo creado en todo el universo, así que todo empezó a crecer y hacerse viejo y a morir. En Hebreos 1, el escritor dice que el trono de Dios es para siempre y Él gobierna en justicia, Dios creo los cielos y la tierra, pero ellos vendrán a su fin, ellos se gastaran así como las vestiduras, Tú (Dios) los enrollaras como un manto. La creación espera con gran expectativa cuando Dios elimine el pecado y los hijos de Dios se revelen completamente. Cuando Pablo dice que la muerte viene del pecado, él está hablando del proceso de morir, el pecado trajo consigo muerte espiritual inmediata, pero la muerte física sería un proceso. Déjame añadir lo siguiente, las leyes de Dios que rompemos a través de la naturaleza pecaminosa traen consecuencias espirituales así como les sucedió a Adán y Eva. Estas consecuencias pueden resultar en demonización, maldiciones, enfermedades.

Pablo nos recuerda que las personas pecan incluso desde antes que la ley fuese dada. Las personas que vivieron en medio del tiempo de Adán y Moisés no tenían ninguna ley específica que romper. El pecado es primero una persona, después es un poder y tercero es un acto. El pecado estaba en el mundo desde el comienzo, pero vino a estar en foco de atención cuando la ley fue dada. La humanidad empezó a percibir o a hacerse consiente dentro de sí, y a través de sus sentidos ver un poder que se aprovechó el hombre viejo. Su deseo es hacer lo malo queriendo crecer y convertirse en independiente de Dios. Daré una idea para cualquier estudiante que enfrente este libre, la conciencia de que el mal mora en el hombre viejo se puede visualizar a través de la muerte física. La ley de Moisés sigue hoy como en el antiguo testamento, le ayuda a las personas a ver sus falencias y pecados. La ley nos muestra la gravedad de nuestras ofensas y no lleva a Cristo para la salvación y el perdón de pecados. Para que Pablo escribiera esto significa que en su época esto seguía siendo una verdad. Así que la ley señala nuestro pecado y nos asigna lugares de responsabilidad por ello, la ley no tiene remedios; simplemente identifica el problema.

El contraste entre Adán y Cristo es la manifestación de los dos yos, el viejo y nuevo hombre. La transgresión de Adán determina su naturaleza y carácter por un tiempo; el acto de justicia de Cristo determinó una naturaleza y carácter para la eternidad. Cuando Pablo menciona el regalo, él está hablando acerca de la justificación por medio de la salvación en Cristo Jesús. Lo opuesto se encuentra la naturaleza adánica – condenación. La muerte es el revelador del juicio de Dios sobre la naturaleza pecaminosa y el alma. En la medida en la que seguimos la justicia, el hombre nuevo, el diseño de Dios por la humanidad, empieza a producir buenas obras que Dios ha diseñado concerniente al hombre viejo. El viejo yo es producto del engaño, esto es la mentira de Satanás. La cual niega la verdad de la Palabra de Dios. El engaño da a luz a concupiscencias que producen pecado y este al tomar su curso produce al muerte. Este es el proceso escritural degenerativo del hombre viejo, el hombre viejo tiene dos características distintivas: primero,

CAPÍTULO SEIS

es corrupto (espiritual, moral y físicamente), y segundo es rebelde. Eso sucedió cuando Dios trajo juicio sobe el pecado de desobediencia de Adán. Este proceso degenerativo ha afectado a toda la raza humana y ha traído condenación.

Pablo toma este proceso un paso más allá en Romanos 5:17 declarando que por la trasgresión de Adán reinó la muerte sobre toda la raza humana. El punto a resaltar es que la muerte reinará sobre esta Era maligna. Pero el regalo de Dios es justicia a través de la salvación en Cristo Jesús que nos lleva fuera espiritualmente de los campos de la oscuridad y del control de los ángeles caídos y nos liberta espiritualmente. Vemos el poder del nuevo hombre en Cristo en la medida en que nuestras mentes son libertadas de los ángeles caídos a través de no conformarnos a los patrones de este siglo maligno. Conformarse aquí significa volverse conductual o socialmente similar a las características o costumbres de este mundo. Mientras nuestra mente es libre de los ángeles caídos, el Espíritu Santo empieza a restablecer la mente receptiva a Cristo. El Espíritu Santo desea llevar la mente del nacido de nuevo a la glorificación. El elevar la mente a esferas más altas, ampliar las fronteras del significado y la verdad. La mente renovada por el Espíritu Santo comienza a experimentar pensamientos mucho más profundos, verdades más poderosas y a manifestar poder espiritual. Cuando Adán pecó, la humanidad quedó bajo su poder. Los ángeles caídos que tienen control dentro de la naturaleza del viejo hombre trajeron consigo desobediencia y castigo. Aun así el acto justo de Cristo al morir en la cruz por los pecados del mundo, le abrió la puerta a que todas las personas puedan ser justificadas y se sometan a la santificación. La santificación es donde ya no está la vieja naturaleza y el creyente empieza a vivir por la nueva creación, el hombre nuevo. Así que la ley fue dada a los judíos y a toda la raza humana, para que todas las personas pudieran ver que tan pecadoras son. El argumento de Pablo en los primeros cinco capítulos de Romanos es que la ley ha hecho a la humanidad consciente de su necesidad de salvación y de ser liberada del poder del pecado. Todos sabemos que este siglo o Era se caracteriza por el pecado y por un reino de maldad y su poder sobre la raza humana es el pecado; esto inevitablemente trae consigo la muerte, pero la muerte también puede manifestarse en áreas de la vida humana. La muerte corporal y la resurrección de cristo han posicionado al creyente para reinar sobre el pecado y los poderes malignos del pecado, llevando al creyente a la victoria y vida eterna. He elegido estos capítulos bíblicos para que el creyente pueda ver la cristiandad posicional y condicional.

Romanos 6

Leyendo Romanos capítulos 1 al 5, Pablo ha mostrado la necesidad de las personas para ser salvas, la naturaleza pecaminosa de la humanidad, el pecado, y su poder reinan sobre la humanidad. Pablo revela la necesidad por salvación y perdón de pecados. En estos siguientes capítulos vamos a ver el programa de Dios ir separando progresivamente al creyente de su pecado y su poder y por medio del hombre nuevo hacer al creyente más como Cristo. El punto clave de Pablo es que el creyente ahora tiene otra naturaleza obrando dentro de él, el hombre nuevo. Este punto

CAPÍTULO SEIS

se expande al empoderamiento del nuevo hombre quién está cimentado en el Espíritu Santo. En los capítulos 6-7 el enfoque de Pablo sería la nueva naturaleza contra la vieja naturaleza. Pablo mostraría teológicamente cómo el Reino de Dios por medio del Espíritu Santo opera dentro del creyente y también cómo el reino de la oscuridad opera a la misma vez por medio de un principio satánico, el pecado. Pablo revela que dentro del creyente nacido de nuevo dos reinos coexisten y están en guerra, de ahí viene el título de este capítulo.

Pablo abre el capítulo seis de Romanos diciendo que nosotros no debemos tomar la maravillosa amabilidad y gracia de Dios para darle lugar al pecado y seguirlo cometiendo voluntariamente. Cuando Dios le muestra al creyente más y más amabilidad es Su gracias por medio de la santificación. El punto de Pablo es, la gracia de Dios no se convertirá en una excusa para pecar y vivir inmoralmente. Hemos muerto al pecado posicionalmente y Pablo dice que se debe aprovechar el poder de la gracia de Dios para ser liberados del pecado y del hombre viejo por el cual el pecado opera. Pablo deja abierta la idea de que alguien puede decir que cree y aun así planear seguir cediendo ante el pecado.

¿Cuáles son los conceptos espirituales y teológicos en los capítulos 6-7? En un sentido legal y en sentido espiritual, el creyente ha muerto al pecado. A través del bautismo, eso es estar espiritualmente enterrado junto con Cristo. Hemos muerto con Cristo, y por medio de la resurrección de Cristo se nos ha dado espiritualmente una nueva vida. Pablo también dice que en un punto de vista moral, los deseos

LA GUERRA DE NATURALEZAS

pecaminosos estarán presentes, pero ya han sido herido de muerte. El hombre viejo está impotente contra la obra del Espíritu Santo a través del hombre nuevo. Pablo está diciendo que el hombre nuevo tiene la capacidad nuevamente de reflejar la imagen y semejanza de Dios. Esto sólo ocurre cuando el creyente aprende a vivir desde su posición en Cristo, desarmando a los ángeles caídos, principados y potestades en el campo celestial.

El bautismo es una metáfora o una analogía de una verdad espiritual. Nosotros sabemos por el fundamento bíblico que el bautismo es un acto o paso que hace el creyente que ha decidido seguir a Cristo. Pablo describe cómo Jesús murió por el pecado, nosotros también morimos de manera posicional al estilo de vida pecaminoso, para que el poder del Espíritu Santo produzca en nosotros la nueva creación y nuevo estilo de vida. Sumergirse en el agua es una poderosa imagen. Es una imagen espiritual de Jesús rompiendo los poderes de los ángeles caídos y los demonios sobre la vida del creyente de manera posicional. Es por esto que muchas veces cuando una persona es bautizada por ministros poderosos, ahí mismo se da lugar a una sanidad o liberación. La persona bautizada sale del agua hablando en lenguas celestiales. Así que posicionalmente el creyente tiene el poder de ser libre, pero en cuanto a su condición a cause de la carne, hay una naturaleza y poder que debe ser eliminado. Teológicamente hablando el bautismo representa la muerte el hombre viejo y esa estilo de vida. Representa el ser levantado en Cristo a una nueva vida como la Suya.

CAPÍTULO SEIS

La agonía de la muerte de Cristo y su gloriosa resurrección nos unieron a Él y luego a entender y llegar a la conclusión de que el morir al pecado va a ser doloroso y un proceso de vida. Ser resucitado juntamente con Cristo es más que un hecho teológico, es el poder recreador de Dios en el trabajo. La autoridad siempre se verá en el poder. El creyente que ejerce su posición sobre su condición es el creyente que está llevando a muerte al viejo hombre y viviendo en poder por medio del hombre nuevo.

Dividimos la Palabra de Dios en las escrituras siempre y cuando este equilibrado con poder. La muerte de Jesús hizo impotente al pecado. El poder es una persona así como el pecado es una persona. No debemos perder las realidades espirituales mientras nos aventuramos por medio de los pasajes teológicos en la Biblia. Donde hay teología, también hay autoridad y poder. Puede que no sea visible como las sanidades y liberación, pero está detrás la teología sustentadora vista. Por ejemplo, cuando Pablo dice que a través del hombre nuevo ya no somos más esclavos al pecado, él está hablando posicionalmente. Él está diciendo, nosotros vamos a ejercer nuestra mente transformada sobre el pecado o vamos a ser libres de la persona de pecado, en cada caso, el ministerio de teología o espiritual están obrando el uno con el otro. Recuerden, nuestra lucha no es contra carne y sangre sino contra fuerzas espirituales de maldad sin cuerpos.

La libertad era rara en los tiempos bíblicos excepto por medio de la muerte. La muerte provoca una liberación que no se puede revertir. La realidad espiritual de Pablo es que

LA GUERRA DE NATURALEZAS

en la medida en que nosotros morimos al pecado y a su poder, somos libres para vivir para Cristo. Espíritus malignos desean controlar por medio del poder del pecado, así como la libertad en Cristo con la que el Espíritu Santo desea el control para lograr la imagen y semejanza de Dios. Los pensamientos y acciones malvadas revelan quién es el espíritu maligno y qué le gusta. Cuando Jesús murió y derrotó el reino de la oscuridad, los espíritus malignos por medio del pecado se volvieron imponentes cuando el creyente ejercita su nuevo yo por encima del viejo hombre acorde a todos los procesos bíblicos.

Cuando Pablo dice que hemos sido identificados con Cristo, él está haciendo referencia a quién y lo que es una persona. Eso inicia en la mente, donde está el asiento o lugar del pecado, donde los ángeles caídos tienen control. A medida en que nuestra mente es renovada en Cristo, reconocemos y distinguimos la diferencia entre el hombre nuevo y el hombre viejo. Al venir en asociación con Cristo, nuestra identidad cambia en pensamiento y acciones. Empezamos a compartir las mismas características que Cristo. En nuestras mentes nosotros deseamos las cosas de Dios porque ya no estamos rindiendo nuestras mentes al comportamiento pecaminoso de esta tierra. Pablo hace una mayor pregunta aquí, si estamos muertos al pecado, ¿Cómo puede el pecado seguir controlándonos? Teológicamente hablando, hemos muerto al pecado acorde al hombre nuevo, pero acorde al hombre viejo estamos siendo constantemente liberados del deseo de pecar. Espiritualmente, estamos siendo liberados por nuestras elecciones o por medio de la liberación expulsando al maligno.

CAPÍTULO SEIS

Los autores le deben toda la verdad al cuerpo de Cristo, no solo escribiendo desde una perspectiva teológica o espiritual, sino ambas cosas. La verdad es que si las personas tienen cualquier deseo particular y han cedido a la concupiscencia, entonces la liberación es el método bíblico para encontrar la libertad. Si le podemos decir que no al pecado y se acaba, entonces el poder del libre albedrío ha rechazado al mal. Debido a que el pecado tiene poder dentro del ama del creyente, vamos a tener la compulsión de pecar en el cuerpo. Yo, al igual que Pablo, deseo ser libre de toda naturaleza pecaminosa, aun así Dios ha elegido el proceso de la santificación, así que debo hacerlo. Entiendo que nuestra lucha con el pecado está diseñada para lograr ejercer el poder del libre albedrío en la nueva creación. En la sabiduría de Dios, esto también es parte de nuestra glorificación. Debemos entender que en la medida en la que vivimos en estos cuerpo mortales, la naturaleza inferior, tenemos el poder de no dejar que el pecado nos controle. Nuevamente, si no podemos decirle no al pecado, entonces un espíritu maligno a través del pecado debe ser echado fuera.

Pablo dice, debido a que nuestros cuerpos mortales decadentes están muriendo, revelando que el hombre viejo vive bajo maldiciones, no debemos rendirnos o ceder a esos deseos pecaminosos y a la tentación que viene de los demonios y ángeles caídos. Nuestra libertad se encuentra cuando nos entregamos completamente a Dios y usamos todo nuestro cuerpo como herramienta para hacer lo correcto. Si tenemos una opción, entonces se nos ha dado el poder de la nueva vida, y el reino de la oscuridad solo puede hacer lo que le permitimos u obedecemos. Pablo dice que el deseo de Dios en Cristo Jesús es que el pecado nunca se vuelva nuestro amo. Amo implica a una persona, y el pecado manifiesta su poder. No somos sujetos a la ley ni obligados como prisioneros a la ley en el hombre nuevo. Sin embargo, el hombre viejo está siendo liberado de la ley. La ley está revelando el pecado y el mal que opera a través del pecado. Verdadera realidad, la ley produce ambas cosas la prueba y la aguda conciencia de los espíritus malignos a través del pecado, dirigiendo y guiando a los individuos a la cautividad del pecado. Pablo termina la mitad de este capítulo diciendo que la gracia de Dios, el perdón de Dios por los pecados y Su deseo de liberarnos del mal sobrepasará en la medida en la que el creyente siga el procedimiento de las Escrituras.

Libertad Para Obedecer El Espíritu de Dios

Pablo inicia está parte de las escrituras casi de la misma manera que en el capítulo anterior. Él no quiere que tengamos confusiones. En la vida de un creyente hay dos amos, el pecado y el espíritu maligno detrás del pecado, y el Señor Jesucristo con el poder del Espíritu Santo. La ley de Dios nunca ha estado en contra de la gracia de Dios, sino que vino una al lado de la otra para revelar el pecado, y el poder de la persona o espíritu maligno trabajando detrás de los deseos y acciones de pecado.

Versos del uno al quince parecen repetir la misma pregunta, la cual Pablo responde de la misma manera. Pablo dice, que pecar voluntariamente nunca traerá la gracia de Dios o la oportunidad de que se ejerza más gracia. Lo que

CAPÍTULO SEIS

el pecar voluntariamente hace es revelar el poder del pecado en el hombre viejo y muy posiblemente que se descubra el espíritu maligno detrás de ese pecado. Esto se ve en el verso dieciséis del capítulo seis. Como Cristianos, la justicia o el pecado que obedecemos muestra qué tanto estamos entregados a la luz, a la oscuridad o si un poco a ambas. Pablo dice que somos esclavos a quién sea o lo que sea que obedezcamos, en el campo visible o invisible.

Cuando el pecado se convierte en el amo de alguien, ese individuo no tiene poder excepto obedecer lo que se ofrece por medio de ese deseo o acción. Pero cuando elegimos obedecer a Dios, nos volvemos esclavos de la obediencia. Solo hay dos opciones, obedecer a Dios y caminar en salvación u obedecer al diablo y vivir bajo su yugo. Todos en algún momento fuimos esclavos del pecado y del diablo, ya que él ha estado pecando desde el comienzo. El viejo hombre tenía los deseos y naturaleza del diablo, y por medio del engaño y las mentiras nos llevó a cautividad. El hombre nuevo fue un acto creativo de Dios que responde a la verdad, justicia y santidad. Déjame decirlo de la siguiente manera, el servicio al pecado y al diablo nos deja en cautividad y muerte, el servicio a Dios y a la verdad, nos lleva a la justicia y vida eterna.

El poder del hombre nuevo proviene del Espíritu Santo, pero ahí hay un poder igual, la Palabra de Dios. Pablo dice que la Palabra de Dios actúa como un amo manteniéndonos libres del pecado y del poder del reino de las tinieblas. Ya no vivimos más como esclavos al pecado, sino que vivimos esclavos a la justicia, experimentando el Reino de

LA GUERRA DE NATURALEZAS

Dios. En el verso diecinueve, el hombre viejo es débil, vulnerable al reino de la oscuridad que trae consigo deshonra espiritual y posesión. Cuando los creyentes son esclavos a la impureza y al desorden, dos categorías espirituales, ellos son sostenidos en cautividad y ataduras por medio del hombre viejo por fuerzas espirituales de maldad en los campos celestiales y en los campos terrenales.

Es la voluntad de Dios a través del hombre nuevo tengamos beneficios del Reino inmensurablemente. Estas bendiciones espirituales vienen en dos niveles. El creyente que ha nacido de nuevo, lleno por el Espíritu Santo, hablando en lenguas, y es un estudiante y hacedor de la Palabra, este experimentará bendiciones acorde a su forma de vivir del hombre nuevo y en cuánto no es este activo el hombre viejo. El segundo nivel es mucho más que un derramamiento de bendiciones en medida extrema, ya que el creyente realiza su primer paso, pero le suma la liberación de los derechos legales y maldiciones acumuladas en su vida y pasadas generaciones. Hay una diferencia poderosa entre los dos, pero a medida que los espíritus malignos pierden su derecho a bloquear las bendiciones, este creyente recibe una lluvia de bendiciones.

Cuando Pablo menciona la ley, Él se está refiriendo a un sistema de leyes, estatutos civiles, y ordenanzas sacerdotales dentro del pacto mosaico como un medio del favor o bendición de Dios. Dicho simplemente, nosotros no vamos a romper la ley apropósito pues la Palabra de Dios prevalecerá por siempre. El creyente no puede convertirse a justicia por medio de la ley, pero puede voluntariamente o

CAPÍTULO SEIS

por medio de una elección ser condenado al hombre viejo por medio de la ley. ¿Cómo es esto posible? La ley misma no es mala, pero sí nos dice lo que es malo. Hay algo más que la ley va a hacer, va a despertar deseos malignos. Pablo dice que sin la ley no hubiera conocido lo que el pecado o la codicia era. Debemos ser muy cuidadosos cuando la ley dice que no debemos hacer algo. Es por medio del hombre viejo, como lo he dicho antes, que el reino de las tinieblas busca acceder para poseer. Así que cuando la Biblia dice, no harás o no marcaras tu piel con tatuajes, por medio del hombre viejo, el enemigo entra para posesión. El cuerpo se demoniza y el alma se oprime. Pablo dijo que en cuanto se dio cuenta de ese mandamiento, despertó de un sueño, si la voluntad, emociones, sentimientos y respuestas prohibidas dentro de él. Quienquiera que se oponga a la opinión sin sentido de los que los espíritus malignos se atan o unen a los creyentes diciendo que un cristiano no puede tener un demonio, ese necesitar ir nuevamente a la Biblia y a la escuela de los sobrenatural y juntar teología correcta. Lo que Pablo está diciendo de manera argumentativa es que cuando la ley dijo que no se debía codiciar, la ley lo introdujo en algunas de las emociones y deseos más oscuros. Sobrenaturalmente, le presentó demasiados campos de espíritus malignos.

El hombre nuevo se da cuenta que la seriedad de la ley y de los espíritus malignos de pecado y su poder por medio del hombre viejo. Yo, en liberaciones de segundo cielo, puedo encontrar como cierta esta verdad, que por medio del hombre viejo al trasgredir las leyes de Dios, ángeles caídos los acusan en las cortes celestiales. Es por medio del

LA GUERRA DE NATURALEZAS

hombre viejo que ellos tienen derechos y maldiciones desde la creación. Si yo vivo una vida de pornografía y una vida para Cristo, el hombre viejo está vivo y los espíritus malignos me tendrán cautivo. Si a través del hombre nuevo yo le pido a Jesús que me libere del enemigo, esos espíritus malignos son exorcizados y esa parte del hombre viejo muere. El pecado encuentra su poder por medio del mandamiento, no hay nada malo con el mandamiento, pero el pecado vive por medio del hombre viejo. Pablo trata la ley como un contrato legal obligatorio de Dios. Él dice que la ley es santa, justa o correcta y buena. Los creyentes deben entender que Pablo y a los otros Apóstoles con respecto a la ley, esto refleja la naturaleza de Dios, su carácter y Su voluntad. El mandamiento define el pecado y también revela cómo los espíritus malignos son derrotados. Muchas veces llevo a alguien que ha tenido mucha inmoralidad sexual en su pasado y en sus generaciones a través de un rompimiento de maldiciones de acuerdo con la ley de Moisés. Una cosa que me he encontrado para lidiar con espíritus malignos, sin importar si es en el Antiguo o Nuevo Testamento, "escrito está" eso lo hace todo.

El nuevo hombre ama la ley de Dios, no solo por justicia sino por poder y autoridad en Cristo Jesús. Entonces el hombre nuevo desea seguir la Palabra de Dios, por lo tanto, el hombre nuevo ve el propósito de Dios para su vida. El propósito trae consigo destino, la imagen y semejanza de Dios para gobernar otra vez en autoridad. Satanás y el pecado pueden haber frustrado al hombre, pero ahora la nueva creación en Cristo tiene destino y propósito con autoridad y poder. Es por esto que Pablo clama, ¿Quién me

CAPÍTULO SEIS

va a rescatar de este cuerpo de pecado y muerte?

Lucha con el Pecado y la Maldad

Vemos en la iglesia primitiva que ellos tenían la ley de Dios en alta estima. Nosotros como cuerpo de Cristo mayormente tenemos un punto de vista diferente. Decimos cosas como; no estoy bajo la ley, de una forma o actitud de falta de respeto o como de querer tratar la ley de forma casual. Pablo hizo un esfuerzo por aclarar entra la santa ley de Dios y la nueva creación. Está es el punto de vista o perspectiva adecuada. Si nuestra perspectiva no se basa en estos tres puntos, podemos caer rápidamente en errores doctrinales o sobrenaturales. Podemos pensar rápidamente que la cruz se hizo cargo de todo y que realmente no importa lo que hagamos, Jesús nos perdonará. Esta declaración es una media verdad y una media mentira. ¿Cómo podemos ser libres del pecado en Cristo Jesús y continuar pecando abiertamente? En Cristo, somos espiritualmente libres del pecado, esa es nuestra posición. En la carne, el pecado tiene un trono donde habita en el lugar del alma humana. El creyente en Cristo espiritualmente está libre, libre del poder del pecado de los espíritus malignos. Pero mientras aun este en la carne, nuestra naturaleza pecaminosa revela en el cuerpo que no somos libres de la tentación de Espíritus malignos y del pecado. La llamada de atención para el creyente es que Pablo nunca afirma o dice que al estar en la gracia y no bajo la ley signifique que ya estemos por encima de la ley de alguna manera. Declaración dura y fría, condicionalmente somos juzgados por la ley, eso es condicionalmente. Espiritualmente, somos libres de la ley

LA GUERRA DE NATURALEZAS

y el poder de la mente transformada que hace que trae esta realidad a la Era caída y maligna. Lo diré de esta manera, el problema no es la ley de Dios, sino yo.

Ahora pablo revela su dilema personal y nos invita a mirar examinar más profundo nuestro propio comportamiento y entendimiento de los dos yos. Pablo muestra que mientras estemos en este siglo, los ángeles caídos tienen poder sobre la naturaleza inferior de pecado, así como el Espíritu Santo tiene el control y el poder sobre el espíritu humano de los nacidos de nuevo.

Pablo nos da tres poderosas lecciones que descubre mientras lidia con el viejo hombre: Uno, el conocimiento bíblico o escritural de la ley No es la respuesta. Dos, ninguna clase de auto-determinación o esfuerzo de querer hacer las cosas bien va a ser suficiente para generar un cambio duradero. Tres, ser cristiano no borra automáticamente nuestra condición de pecado ni nos liberta de la posesión de espíritus malignos. El bautismo en el Espíritu Santo no es acerca de hablar en leguas, es por el empoderamiento para traer la santificación a mi condición o a la carne. El Espíritu Santo es quién nos aparta del pecado y de los espíritus malignos que entraron por medio del pecado. Pablo es increíblemente real en Romanos 7:16-17. Él dice que es el pecado, es la naturaleza de Satanás, dentro de mí eso me hace hacer las cosas malas que la ley prohíbe. Pablo dice que hay un conflicto dentro de él, él quiere hacer lo que la ley exige, pero está la naturaleza inferior pecaminosa que no le permite hacerlo. Él está abogando apoyo para entender la ley y no violarla a propósito, como muchos creyentes lo hacen.

CAPÍTULO SEIS

Nosotros nos damos cuenta que nuestra naturaleza pecaminosa es parte de nuestro ser y no hay nada santo, justo ni bueno en eso. Aunque nosotros le pertenecemos a Cristo y hemos muerto al pecado posicionalmente, en nuestra condición aún vivimos en un cuerpo pecaminoso y en un mundo pecaminoso. Pablo describe a la persona que intenta hacer lo bueno y tiene el deseo de hacer lo bueno pero no puede. Pablo dice, sin la ayuda del Espíritu Santo, no habrá proceso de muerte para hombre viejo. Pablo dice que los creyentes aman la ley de Dios y sus caminos. Deben desear y poner en acción las cosas que Dios tiene para ellos. Pero esta otra ley que obra dentro de la naturaleza inferior mantiene al creyente lejos de muchas bendiciones de Dios.

El creyente debe saber que estos dos poderes dentro de él, el Espíritu Santo y el principio satánico no son iguales, pero ambos están ahí. El principio satánico que mora en el alma y cuerpo humano debe ser ejecutado. Si el creyente no puede decir no al pecado, entonces el creyente debe venir a la verdad, que por medio de ese principio satánico, espíritus malignos tienen acceso a su cuerpo y están obrado en contra del proceso de santificación del Espíritu Santo al rendirse y cederse voluntariamente al pecado. Mientras estemos aquí en la tierra, nuestros cuerpos mortales son cuerpos de muerte. El alma del creyente está siendo renovada o, si es necesario, está siendo expulsada y libertada de los ángeles caídos que tiene acceso por naturaleza.

¡La lucha es real! Las victorias en Cristo Jesús por el medio del Espíritu Santo son dulces y alegres. Muchos creyentes no se ven a ellos mismo como lo son en verdad, y

LA GUERRA DE NATURALEZAS

por eso no aprecian lo que tienen en Cristo, así que nunca obtienen cada bendición bíblica en los campos celestiales.

La Vida Victoriosa en el Espíritu

El creyente que puede comprender completamente a Pablo, en ambas cosas, en su posición y condición, entonces entiende que las bendiciones del creyente y el poder están en el hombre nuevo. En el hombre nuevo no hay condenación en Cristo, porque Cristo fue sentenciado a muerte en la cruz por nosotros. Aun así, por medio del hombre viejo, condenación es todo lo que él produce. La victoria del hombre nuevo se encuentra cuando el creyente inicia a lidiar con el los pecados, maldiciones pasadas e incluso asuntos generacionales. Cada creyente lleno del Espíritu Santo entiende que el poder de los caídos está en las elecciones de todas las generaciones, así como el poder de los espíritus demoníacos está en las palabras y las acciones de todas las generaciones. Estos son hechos que he aprendido durante los 22 años de ministerio de liberaciones demoniacas y 10 de juicios de ángeles caídos. Nuevamente, no estamos condenados espiritualmente, pero en la carne, hay iniquidades espirituales que nos condenan. ¿Cuál es la respuesta de Pablo para esto? El poder del Espíritu Santo que da vida nos ha liberado de la ley del pecado y de la muerte. Si vemos de cerca, ¡esto es doble! Espiritualmente, hemos resucitado juntamente con Cristo y hemos sido liberados de la muerte eterna. Pero para ser libres de la ley es diferente. Posicionalmente, somos libres de la ley y condicionalmente, estamos siendo progresivamente libertados de la ley. La libertad de la ley es un proceso de santificación, pero el poder de la

CAPÍTULO SEIS

santificación se encuentra en la identificación. La identificación es el lado legal de nuestra redención. Nos revela lo que Dios hizo por medio de Cristo por nosotros, desde el momento en que Jesús fue a la cruz, hasta que Él se sentó a la derecha del Padre. Pablo dice en Gálatas, "He sido crucificado juntamente CON CRISTO," nosotros morimos CON Cristo, y fuimos enterrados CON Cristo. Esta es una de las más grandes claves para desbloquear la enseñanza del hombre viejo y el hombre nuevo. Pablo dice que Cristo se volvió uno con nosotros en pecado, para que nosotros fuéremos hechos justicia de Dios con Él. En Efesios 2:6, "y CON Él nos resucitó, y CON Él nos sentó en los lugares celestiales en Cristo Jesús." Esta y otras escrituras revelan nuestro lado legal, y es en nuestro lado legar que derrotamos a los ángeles caídos. Es en nuestra santificación que somos hechos libres de los espíritus demoniacos. Colosenses 2:13, " Y cuando estabais muertos en vuestros delitos y en la incircuncisión de vuestra carne, os dio vida juntamente CON El, habiéndonos perdonado todos los delitos," Romanos 6:5 " Porque si hemos sido unidos a Él en la semejanza de su muerte, ciertamente lo seremos también en la semejanza de su resurrección."

En Romanos 8:3,4, dice que Dios envió a Su propio Hijo en un cuerpo humano como el nuestro -con excepción que los nuestros son pecaminosos- y destruyó el control del pecado y el poder sobre nosotros al darse a Sí Mismo como sacrificio por nuestros pecados. Es por medio de su proceso de santificación que sabemos que podemos obedecer la ley de Dios si seguimos al Espíritu Santo y no obedecemos a la vieja y maligna naturaleza entre nosotros.

LA GUERRA DE NATURALEZAS

Aquellos que eligen ser controlados por el hombre viejo, por la naturaleza inferior, viven solo para complacer el principio satánico. Pero al seguir al Espíritu Santo, nos encontramos a nosotros mismo haciendo cosas que complacen a Dios, y eso nos da vida y nos da paz. Aun así el hombre viejo en medio de nosotros está contra Dios y nunca obedecerá las leyes de Dios y las cosas que traen consigo bendiciones. Es por eso que aquellos que están bajo el control del hombre viejo, la voluntad de satanás, están empeñados en seguir a su hombre viejo con sus malos deseos, nunca pueden agradar a Dios.

'Estoy escribiendo de esta manera para traer a la luz lo que está oculto en la oscuridad. Entendemos esto de alguna forma teológica, pero la mayoría están perdidos espiritualmente. La clave para entender el Nuevo Testamento es comprender teológica y sobrenaturalmente el hombre viejo y el hombre nuevo'.

Sin embargo, no somos así si ya hemos sido llenos por el Espíritu Santo. No seguimos al hombre viejo, porque somos controlados por el hombre nuevo, el cual es el poder de la vida en Cristo por medio del Espíritu Santo. Incluso Cristo mora en nuestro espíritu, en el hombre nuevo, nuestros cuerpos que son casa del hombre viejo morirán por el pecado, el principio satánico. Aquí hay un principio poderoso que necesita que se medite en él; si el Espíritu de Dios que levantó a Jesús mora en el nuevo hombre, el Espíritu Santo hará que nuestros cuerpos moribundos vuelvan a vivir después de que muramos. Espiritualmente, si el Espíritu Santo ha sido otorgado a través de la obra de

CAPÍTULO SEIS

Cristo para resucitar nuestro cuerpo humanos, entonces Él tiene hoy el derecho legal de sanar y libertar a estos cuerpos moribundos.

El hombre nuevo no tiene obligaciones, ni nada que le hago hacer lo que el hombre viejo desea hacer. Cuando se actúa con base a los deseos pecaminosos se trae consigo demonización y enfermedad. Pablo dice que si continuamos siguiendo al hombre viejo vamos a perecer ahora y posiblemente también por la eternidad. Pero por medio del hombre nuevo y el poder del Espíritu Santo despojamos al hombre viejo y al principio satánico (naturaleza del diablo) y viviremos y seremos bendecidos. ¿Por qué? Porque por medio del hombre nuevo quien está empoderado por el Espíritu Santo, somos dirigidos y entramos a una relación como hijos e hijas en Cristo. Es por esto que debemos crecer en nuestra salvación o crecer a ese hombre nuevo, quien es a la imagen y semejanza de Cristo.

El nuevo hombre se comporta como un hijo/hija de Dios, uno quien ha experimentado la adopción y la familia, llamando ahora a Dios ¡Padre! El Espíritu Santo de Dios habla a lo profundo dentro de nuestro hombre nuevo, el corazón, y nos dice quiénes somos en realidad y por esto somos empoderados nuevamente para vivir en Dios por medio de una vida como Cristo. Esto significa restaurar la imagen y semejanza de Dios en la creación. Ya que ahora somos Sus hijos e hijas por medio del hombre bueno, compartiremos en el presente y en el futuro los tesoros de Dios, porque todo lo que Dios le dio a Su hijo Jesús, en Cristo, nosotros estamos para también tomar ese tesoro.

LA GUERRA DE NATURALEZAS

El verdadero tesoro a través del hombre nuevo es la plenitud de Cristo Jesús. Esta es la razón por la que Dios salvó a la humanidad, porque a través de Jesús, la humanidad restauraría su imagen, su semejanza y la autoridad de Dios en la tierra. Esto es lo que significa compartir en Su gloria, llegando a la plenitud del hombre nuevo que es a imagen y semejanza de Cristo Jesús.

Incluso si tenemos que sufrir colocando fuera la vieja creación, el hombre viejo, tanto espiritual como condicionalmente. Vivir del hombre nuevo y llegar a la plenitud en él, no puede compararse con la gloria que Dios está dando y dará al vivir en el hombre nuevo. Debemos darnos cuenta que toda la creación está esperando pacientemente y con esperanza ese día futuro. Pero la creación está respondiendo hoy a la gloria del hombre nuevo en la medida en la que progresa y es moldeada a la imagen de Cristo. En la medida en que Cristo se forma en nosotros, la enfermedad tiene menos y menos efecto en nosotros, así como el pecado. ¡Esta es la verdadera realidad! Mientras el cuerpo de Cristo se convierte en un poco de niños y niñas (hombre nuevo), esos niños se convertirán en ese hombre nuevo corporativo. La creación, fíjense en la palabra creación, visible e invisible a la que Pablo se refiere, espera con expectativa los hijo de Dios para que sean revelados. Yo entiendo la intención futura aquí, pero el reino y la paternidad, la filiación es ahora, por lo que la creación experimenta medidas de transformación a medida que los hijos ejercen la autoridad y el poder de Dios a través de Su semejanza e imagen. Así es cómo se sacan lo ángeles caídos. Como principados (regiones de tierra), los principados en

CAPÍTULO SEIS

el segundo cielo son destronados. Como Jesús ordenó a la creación, la creación está lista para responder al creyente o creyentes que se transforman a la semejanza a Cristo, ¡El hombre nuevo!

¡La creación entera está sufriendo o clamando en agonía de pecado! ¡Nosotros, cristianos tenemos al Espíritu Santo entre nosotros mientras probamos de la gloria futura desatándola hoy! Porque estamos probando el poder y la autoridad en nuestro hombre nuevo, ardemos con pasión y esperamos ansiosamente el día cuando Dios nos de los completos derechos como Sus hijos, incluyendo nuevos cuerpo gobernados por la nueva naturaleza así como Él nos lo prometió. Estos nuevos cuerpos que tendremos en el futuro, se nos promete que no se enfermaran nuca ni morirán debido al pecado. Todos sabemos que esto es cierto, pues el Espíritu Santo por medio del hombre nuevo está obrando en nosotros para que así podamos tener muchas medidas de plenitud. ¡Hoy en día estamos gozando, experimentando nuestra salvación en medidas!

En nuestro hombre nuevo por la fe, el Espíritu Santo nos ayuda con nuestros problemas diarios y nuestra debilidad sabiendo que todas las cosas están trabajando para nuestro bien en la medida en que perseguimos el crecimiento del hombre nuevo, este es el propósito de Dios, el creyente y todos los creyentes entrando en el poder la filiación, que es el hombre nuevo.

Voy a cerrar este libro con un último punto que es de gran importancia, como notan, -también cerré el capítulo anterior de esta misma pensamiento. El propósito de Dios es llevar a luz mucho hijos, es traer colectivamente el cuerpo de creyentes como un solo hombre nuevo corporativo tal como lo declara Efesios 2:14-15.

Porque El mismo es nuestra paz, quien de ambos pueblos hizo uno, derribando la pared intermedia de separación, 15 aboliendo en su carne la enemistad, la ley de los mandamientos expresados en ordenanzas, para crear en sí mismo de los dos un nuevo hombre, estableciendo así la paz,   Efesios 2:14-15 LBLA

El propósito soberano de DIOS para el hombre nuevo es un cuerpo de creyentes operando como uno solo. Esto no puede suceder a no ser que la Iglesia se vuelva al Espíritu Santo. El diseño de Dios es para que el hombre nuevo opere por medio de un cuerpo corporativo, la Iglesia, para manifestar su semejanza y autoridad. Noten en Efesios 4:16, "de quien todo el cuerpo (estando bien ajustado y unido por la cohesión que las coyunturas proveen), conforme al funcionamiento adecuado de cada miembro, produce el crecimiento del cuerpo para su propia edificación en amor."

Debemos ser un solo cuerpo corporativo expresando y manifestando un nuevo hombre corporativo. Este nuevo hombre es para volver a promulgar la vida del temprano ministerio de Cristo y al hacerlo completar los dos propósitos de Dios, revelando a Dios al mundo y ejerciendo la autoridad de Dios en Cristo Jesús. Por el diseño de Dios, desde la autoridad y poder de Dios en el nuevo hombre traerá

CAPÍTULO SEIS

una cosecha de proporciones sobrecogedoras a través de la predicación del evangelio con maravillas y prodigios. A medida que el hombre nuevo colectivo avanza, el propósito original del jardín del Edén se restablece. ¡Sean fructíferos en Cristo y multiplíquense al hacer discípulos y llenen la tierra sometiéndola a la semejanza y autoridad de Dios!

> *"He aquí, yo (Jesús) vengo pronto, y mi recompensa está conmigo para recompensar a cada uno según sea el mérito de sus obras (obras terrenales, fidelidad). 13 Yo soy el Alfa y la Omega, el primero y el último, el principio y el fin.[el Eterno]." Apocalipsis 22:12-13*

> *Bienaventurados (felices, prósperos, de ser admirados) los que lavan sus vestiduras [en la sangre de Cristo al creerle y confiar en Él – el justo quien cumple sus mandamientos], para tener derecho al árbol de la vida y para entrar por las puertas a la ciudad. Apocalipsis 22:14*

Capítulo Seite

Poder del Nuevo Hombre Sobre los Ángeles Caídos

Realmente no creo que el creyente sepa cuánto poder Dios ha puesto sobre el hombre nuevo. Dentro del nuevo hombre, no hay limitaciones para el creyente en la medida de que siga al Espíritu Santo. El Espíritu Santo me habló años atrás y dijo, "tu única limitación soy Yo". Me estaba diciendo que si yo hacía lo que Él me decía lo que era imposible para el hombre viejo, ahora sería posible en el hombre nuevo. Jesús se manifestó para moldear lo que Dios ha planeado para el nuevo hombre. ¡Por medio de la nueva creación el creyente será invitado al campo espiritual donde los milagros, sanidades, y liberaciones serán la norma! Dios puede hacer lo que sea o utilizar lo que sea para hacer cualquier cosa, pero la consistencia en un estilo de vida es el desarrollo del nuevo hombre.

"Cómo Dios ungió con el Espíritu Santo y con PODER a Jesús de Nazaret, y cómo este anduvo haciendo bienes y sanando a todos los oprimidos por el diablo, porque Dios estaba con Él" Hechos 10:38.

En 2 de Pedro 2:10-11, las escrituras dicen que los seres celestiales (los ángeles caídos del segundo cielo) y los ángeles de Dios son más fuertes y más poderosos que la humanidad. En mi primer libro hablamos de la falsedad de los ángeles convirtiéndose en demonios cuando estos pecaron y cayeron. Nosotros, como seres humanos permanecimos humanos cuando caímos. En ambos casos, es la naturaleza la que cayó. El recuperar la verdad acerca de la restauración del nuevo hombre traerá consigo una cosecha de almas durante los últimos tiempos.

Dios ungió a Jesús con una tarea de traer bendiciones sobrenaturales a la humanidad. Jesús fue ungido, lo que significa el poder operar en la autoridad y poder de Dios. La unción tiene dos funciones principales; primera, la habilidad de traer bendiciones según lo establecido en diferentes áreas. Segunda, lograr sanciones sobrenaturales sobre el reino de las tinieblas. Esto significa que la unción impone penalidades por conductas y acciones que restringen las operaciones generales del reino de las tinieblas.

Dios está cambiando la manera en que los creyentes piensan acerca del tiempo final de la cosecha. Dios está moviendo a la iglesia hacia el ministerio de la liberación para que la realidad del Reino de Dios derrote a las tinieblas. Hasta el momento la Iglesia ha hecho muy poco para restring-

CAPÍTULO SEITE

ir el mal. El enfoque de las iglesias ha estado en el poder de Dios en la tierra, pero no reconocen la realidad de los ángeles caídos, quienes tienen derechos legales en la tierra. Ahora mismo tenemos muchos ministros de avivamiento que se están moviendo en sanidades, pero que poco conocen acerca de la autoridad y poder del segundo cielo. Entre más la Iglesia abrace correctamente la liberación de ángeles caídos, más rápido vendrá la cosecha. Los resultados serán derramamientos impresionantes del Espíritu Santo con milagros, sanidades, liberaciones de demonios y derrota de la maldad en los territorios. Si un creyente a de vivir una vida cristiana normal, tendrá que aceptar la guerra espiritual, tanto o incluso más que el movimiento de sanidades.

Una nueva realidad

En el libro de Apocalipsis cuando Jesús se dirige a las iglesias, Él usa la palabra "vencer". Jesús les está hablando a los miembros de la Iglesia en cualquier época y los está dirigiendo a cumplir los propósitos de Dios en el mundo. Entonces, la palabra griega para vencer es "nikao", que significa "conquistar". Es un término de guerra comúnmente usado entre los griegos. El diccionario de teología del Nuevo Testamento dice, "el uso de la palabra grupo en el Nuevo Testamento casi siempre presupone el conflicto entre Dios o Cristo y los poderes demoniacos opuestos". En Apocalipsis 2 y 3, siete veces Jesús le dice a su pueblo que venza por medio de participar en la guerra espiritual. Si el creyente hace esto, este debe esperar recibir recompensas sustanciales de parte de Cristo.

Poder del Nuevo Hombre Sobre los Ángeles Caídos

Hoy, cuando alguien menciona la guerra espiritual, la mayoría de los creyentes piensan en echar fuera demonios. Hay otra definición "nikao" en el diccionario Strong mencionado anteriormente; es cuando uno es procesado o va a un tribunal de justicia, para ganar el caso o para mantener su causa. Esta definición tiene que ver con los ángeles caídos, cada ángel caído ha estado en el tribunal de Dios para acusar nuestro linaje familiar, grupo de personas, iglesia, organización, ciudad, estado, nación, el mundo. La palabra procesar significa el llevar a alguien a un tribunal para que responda por los cargos criminales con el propósito de encontrarlo culpable para condenación. Esto es exactamente lo que los ángeles caídos hacen respecto a la humanidad. Los ángeles caídos a través de la naturaleza pecaminosa de la humanidad, acusan tanto a los creyentes como a los no creyentes de los crímenes cometidos en contra de la ley de Dios. Cuando estos ángeles caídos descienden bajo las órdenes de Dios, es la intención de Dios hacer que sean juzgados de acuerdo con las obras de Cristo Jesús quien cumplió la ley y dio posición a los creyentes en Cristo. Como se dijo anteriormente, el hombre viejo tiene su origen en la naturaleza satánica. El nuevo hombre tiene su origen en Cristo Jesús. Debemos recordar, Pablo dice que la ley tiene dos funciones; la primera, fue dada para mostrarle a las personas cuán culpables son; significando que Dios ha dado la ley para castigar el pecado. La segunda, la ley revela la naturaleza y la voluntad de Dios y les muestra a las personas cómo vivir; la ley es una ayuda para proteger y guardar a las personas de los ángeles caídos. La ley no puede hacer a las personas justas pero si es una herramienta en las manos del Espíritu Santo para mostrar a la humanidad el

CAPÍTULO SEITE

pecado. Pablo explica claramente que las promesas de Dios vinieron a Abraham, pero la ley fue dada a los ángeles para que se la dieran a Moisés, quien fue el mediador entre Dios y el pueblo.

En el monte Sinaí, Dios convocó a toda la creación al dar la ley a los hombres a través de Sus ángeles. Dios también llamó a los ángeles caídos malignos y los tuvo como testigos del contrato hecho con la humanidad. Esta no es una nueva idea, sino una larga historia de creencias judías. Incluso Hechos 7:53 confirma que los judíos creían que los 10 mandamientos habían sido dados a Moisés por Dios a través de los ángeles o mientras ellos lo presenciaban. Yo puedo llevar esto un paso más allá en el encuentro de poder de Jesús con el diablo y los ángeles caídos en el desierto. En la tentación de Jesús, Él siempre le respondió al diablo y a los caídos diciendo "escrito está". En más de mil encuentros de poder con ángeles caídos, el Espíritu Santo siempre da respuesta de las escrituras a las acusaciones de estos. Una vez que las acusaciones de los caídos son respondidas de acuerdo con nuestra posición escritural en Cristo, él y los de su clase se retiran de las mentes, luego los demonios salen del cuerpo automáticamente.

En Efesios 1.19-23, Pablo oró para que la iglesia entendiera la increíble grandeza del poder de Dios para los que creemos en Él. El poder del nuevo hombre (nueva creación) se encuentra cuando Dios levantó a Cristo Jesús de los muertos y lo sentó a la diestra de Dios. Fíjate donde está sentado Jesús, a la diestra de Dios en los campos celestiales. Hay algo más que es extremadamente poderoso.

Poder del Nuevo Hombre Sobre los Ángeles Caídos

Cristo Jesús está por encima de todo gobierno y autoridad, poder y dominio, y observa, cada título que puede ser dado. Pablo está hablando acerca de la autoridad sobre la humanidad, la creación y los ángeles caídos. Esta autoridad para gobernar no solamente es en esta presente Era maligna sino también en la Era que ha de venir. Dios colocó todas las cosas bajo la autoridad de Cristo Jesús y lo designo para que fuese la cabeza sobre todo en la iglesia, la cual es Su cuerpo. La Iglesia ha sido llamada a la plenitud de Cristo, pues el mismo llena todo en todos los aspectos. Sí, la Iglesia debe ejercer tal poder sobre los ángeles caídos para que la humanidad se vuelva a Jesús. Cuando Pablo declara que hemos sido resucitados juntamente con Cristo en Efesios 2:6, es porque la Iglesia ahora tiene poder mediante tácticas de guerra espiritual apropiadas para enfrentar los ángeles caídos, para que la humanidad se salve, el poder de los pecados sufra una ruptura y la creación responda a la justicia.

Los ángeles caídos territoriales, no tienen miedo de los ministerios que no entienden esta revelación al usar el reinado de Cristo. La mayoría de los líderes de Iglesias aceptan el derramamiento del Espíritu Santo y creen que el mover de Dios está aquí. Esta verdad a medias lleva al creyente a encontrase con el Espíritu Santo por medio de su hombre espiritual, la nueva creación, pero deja al viejo hombre, al principio satánico, poseído y con demonios bajo el control de espíritus territoriales. Cualquiera que comprenda la guerra espiritual, conoce los dos campos de la humanidad y ministra a ambos tanto el viejo hombre como el nuevo hombre.

CAPÍTULO SEITE

Les he dicho estas cosas, para que en Mí ustedes tengan (perfecta) paz. En el mundo ustedes tienen tribulación, aflicción y sufrimiento, pero sean valientes, (sean confiados, sean impávidos, sean llenos de gozo); yo he vencido al mundo. (Mi conquista ha sido completada, mi victoria perdura.) Juan 16:33 (versión amplificada)

Si Cristo está en nosotros, y nosotros estamos en Él, entonces, como Jesús venció al príncipe ángel caído Satanás, entonces Jesús es el perfecto prototipo de quien vence. Jesús está diciendo, por medio de la perfecta obediencia y de la palabra de Dios, yo he derrotado al diablo y a los caídos en los tribunales de Dios. Jesús hizo esto incluso al dar Su vida voluntariamente para morir como el cordero inmolado por los pecados del mundo. La elección voluntaria de la cruz, rompió el poder de los ángeles caídos sobre las mentes de la humanidad. En mi primer libro vemos que los demonios son asuntos personales, y los ángeles caídos son problemas de la humanidad. La guerra espiritual no es cuestión de quien vencerá, la cuestión es qué tácticas de guerra espiritual son las apropiadas.

Pero incluso si nuestro evangelio está (de alguna forma) oculto (detrás de un velo), este está oculto (solamente) a los que perecen; entre ellos el dios de este mundo (Satanás) ha cegado las mentes de los incrédulos, para que no vean la luz resplandeciente del evangelio de la gloria de Cristo, el cuál es la imagen de Dios. 2Corintios 4:3-4 (versión amplificada)

Pablo dice que a través de encuentros de guerra espiritual

con ángeles caídos del segundo cielo, estos ponen velos sobre las mentes de la humanidad. Entiendo que Pablo está hablando acerca de los perdidos, pero entiendo que aquí hay más de lo que se puede ver a simple vista. Aquel que está entrenado en liberación de ángeles caídos del segundo cielo sabe que los ángeles caídos ciegan las mentes de la humanidad. En mi experiencia personal al ministrar muchas liberaciones en el segundo cielo he visto que esta es la única manera de remover el velo o la ceguera. Puede que esto impacte a algunos, pero la realidad de una mente incrédula es el poder de un ángel caído. Simplemente observa toda la incredulidad en la Iglesia, incluso puede que haya incredulidad en lo que dije. El diseño para el hombre nuevo es ser iluminado, el poder ver a través del evangelio toda la gloria de lo que Jesús logró. El hombre nuevo ve la imagen de Dios en Cristo y a través de este tenemos la capacidad de llevar su imagen en vasijas de barro. Esto trae la derrota de los ángeles caídos tal como Jesús dijo y lo demostró en Su vida.

Cuando alguien pasa por liberación del segundo cielo, la presión desde el cuello hacia arriba, los dolores de cabeza, la confusión, la dificultad para concentrarse, las náuseas y el mareo son síntomas que ocurren hasta que son libres; un velo les es quitado de la cabeza; una máscara es quitada; es como una aspiradora conectada a la cabeza; las enormes mentiras se van; la banda alrededor de la cabeza se rompe en el momento en que los caídos sueltan la mente. Estas simplemente son algunas de las manifestaciones en una liberación de un ángel caído en el segundo cielo. ¿Cuál es el resultado además de ya tener una mente tranquila?

CAPÍTULO SEITE

¿La persona ya puede ver el evangelio con un nuevo entendimiento?

Como he dicho antes, la guerra continuará hasta el final de esta Era maligna. Para vivir como Jesús se nos ordena que vivamos como creyentes, nos convertimos en cristianos activos y agresivos y nos encontramos en una constante guerra. Jesús incluso usó la palabra griega "nikao" en el Nuevo Testamento en el libro de Lucas 11:21-22. Jesús habla acerca de vencer al hombre fuerte. Primero debemos preguntarnos ¿Quién es el hombre fuerte? El hombre fuerte del que habla Jesús es el ángel caído Satanás. La casa de Satanás es su reino o donde el pecado reine. La mayoría de los escritores de guerra espiritual dicen que estas escrituras hablan de expulsar demonios. ¡En la superficie tiene razón! Jesús está hablando del campo terrestre y del campo celestial al mismo tiempo. En el campo terrestre o terrenal, hay un hombre fuerte o un espíritu jefe del cuerpo. Pero, el significado más profundo es que este hombre fuerte jefe demoniaco trabaja para el ángel caído que está sobre él y él, el ángel caído, trabaja para la jerarquía hasta llegar a Satanás. Los fariseos contribuyeron este milagro a través de la liberación demoniaca a Belcebú o Satanás. También sé que Belcebú puede hablar acerca de un ángel caído que gobierna los demonios bajo su mando. Entonces, Satanás tiene un reino como un hombre fuerte; los ángeles caídos que tienen demonios que hacen trabajos para ellos también son hombres fuertes; y también hay demonios jefes que son hombres fuertes. Dentro de la jerarquía del mal, terrestre o celestial hay muchos hombres fuertes.

Poder del Nuevo Hombre Sobre los Ángeles Caídos

Cualquiera que haya tenido un encuentro de guerra espiritual con Belcebú entiende que ese nombre viene en todos los tres niveles. Puede ser un demonio jefe, un ángel caído o Satanás mismo. Pero el escribir que Belcebú es uno de los principados de más alto rango en el mundo invisible de la oscuridad no sería correcto. Cuando las personas escriben sobre estas cosas como estrategia de guerra espiritual, rápidamente me dice que nunca se han enfrentado a Belcebú en ninguno de los niveles de combate. En algunos libros, el autor incluso dice que Belsebú no es satanás. El problema con declaraciones como estás, es que son presuntuosas. Cualquier guerrero espiritual que haya enfrentado a Satanás en combate sabe que él se presenta con todos los nombres que la biblia le da. Recuerden, aquellos que escriben acerca de principados demoniacos están errados en cuanto a su terminología. Si su terminología es incorrecta, entonces puedes estar seguro que nunca han estado en combate en vivo con un ángel caído.

Desde la primera vez que me topé con un ángel caído en un combate en vivo, este se dirigió a sí mismo como caído, no como un demonio. Alrededor de más de mil veces este ha sido el caso. Cuando no estoy seguro les pregunto, ¿eres un demonio o un caído? ¡No le mientas al Espíritu Santo! Aquellos que hablan de los principados demoniacos tienen sus hipótesis fuertemente influenciadas por sus paradigmas. Esto también ha sucedido cuando los escritores hablan sobre ir a los tribunales del cielo relacionándolos con los demonios. Entiendo la oración en los tribunales del cielo, pero la guerra espiritual en la biblia está relacionada con el combate.

CAPÍTULO SEITE

Quiero decir una cosa más antes de seguir adelante. Es posible recibir información seleccionada, pero con buen fundamento, de los espíritus malignos bajo ataque. Aquí es donde los ángeles de Dios acuden en ayuda y obligan al espíritu maligno a decir lo que se necesita ser dicho. También sabemos que debemos ejercer cuidadosamente el discernimiento al intentar extraer información, sabiendo que los espíritus malignos engañan.

El Hombre Nuevo Derrotando a los Ángeles Caídos

Cuando hablamos de la guerra espiritual de un nivel superior, muchos autores y ministros de liberación lo denominan como guerra de un nivel cósmico o guerra de un nivel estratégico. A pesar que entiendo completamente de qué están hablando, su descripción no describe con precisión la guerra del segundo cielo. El nombre que estos ángeles malignos usan es "caídos". Estos escritores y ministros de liberación también dicen que hay al menos cinco clases de espíritus satánicos de nivel superior, o ángeles caídos. ¡Encuentro sus categorías o clasificaciones como incorrectas o incompletas! Ellos enumeran los espíritus territoriales a los cuales son una clasificación correcta, pero hay muchos niveles de espíritus territoriales. Los ángeles caídos territoriales son tronos, dominios, principados y potestades. Dentro de cada uno de estos cuatro niveles, hay al menos nueve ángeles caídos diferentes que están escalonados y sub-gobernados de acuerdo con su orden o número de creación. Por ejemplo, los ángeles caídos institucionales están sobre la logia masónica, organizaciones e incluso sobre

Poder del Nuevo Hombre Sobre los Ángeles Caídos

Iglesias sin poder, esta también es una categoría correcta. El siguiente espíritu en la lista es el vicio, esto es incorrecto. Los espíritus de vicio son demonios, pues los ángeles caídos tienen que ver con la mente. Algunos hablan de espíritus domésticos, estos también son espíritus demoniacos y no ángeles caídos. Los ángeles caídos están relacionados con el linaje de sangre. El curso de una Era y de la mente. Por último clasifican a los espíritus ancestrales, esto depende de cómo uno lo describa. Si como demonio, entonces es incorrecto. Si se hace como caído y quien controla la mente es correcto. Debemos recordar que los ángeles caídos tienen que ver con la dirección y el curso de esta Era maligna. Están sobre el linaje familiar, de sangre, instituciones, territorios, Iglesias, e incluso sobre el mundo. Tengo fotos en el capítulo 10 para ayudar al lector.

No debemos dejarnos confundir por quien esté obrando. Satanás y los ángeles caídos están obrando en las cuatro dimensiones del segundo cielo y los demonios están trabajando en la tierra. Hay diferentes niveles de demonios, y eso es determinado por quién sea el padre. También hay muchos niveles de ángeles caídos y eso está determinado por su orden creativo. Continuaré recordándoles esto mismo debido a la novedad del material. Estos libros no son revelaciones sino combates de guerra espiritual que se han comprobado en más de mil encuentros. La meta de la nueva creación, del individuo y del cuerpo corporativo, es el participar en la liberación demoniaca o la guerra a nivel inferior hasta que obligue a los ángeles caídos o los niveles cósmicos a bajar y defender a sus soldados, los demonios. Recuerda que antes dije que los ángeles caídos son fieles

CAPÍTULO SEITE

para defender diferentes niveles de espíritus demoniacos. Los ángeles caídos conocen a ciertos espíritus de brujería, demonios de sangre y demonios de vicio sexual que necesitan proteger. Ellos bajarán y protegerán a su ejército de demonios, pues esto asegura que el linaje familiar se quede demonizado. El ejército del maligno, caídos o demonios, es su asociación con la humanidad. Es la función de la Iglesia involucrar la liberación de demonios de tal manera que la misión de los ángeles caídos se vea amenazada y los obligue a bajar y enfrentar al individuo o a la Iglesia.

Cuando las personas se enredan con la Masonería, la Cienciología, el Mormonismo, Testigos de Jehová, Islam, Nueva Era o cualquier otra religión, la posesión demoniaca es automática. Sin embargo, los ángeles caídos sobre esas falsas religiones controlan la demonización de las personas y los derechos territoriales sobre la tierra. Cuando las personas practican el aborto, la demonización es automática, pero nuevamente es el ángel caído gobernante quien asigna la posesión y el grado de esta. ¡Esto también es cierto con la comunidad LGBTQ! No debemos olvidar que los espíritus demoniacos o ángeles caídos de enfermedades también son asignados. Aquí hay una pista de la complejidad de la estructura de las tinieblas, algunos espíritus demoniacos no tienen que presentarse o manifestarse a menos que se les solicite especialmente. Este también es un diseño para mantener el linaje de sangre protegido.

Hoy en día los escritores de guerra espiritual dicen que no saben o que no están seguros de la guerra que está teniendo lugar con los ángeles caídos. Esto no debería ser así. La Igle-

Poder del Nuevo Hombre Sobre los Ángeles Caídos

sia debe ejercer tanta presión en el campo demoniaco para forzar una guerra con los ángeles caídos sobre esas líneas de sangre, Iglesias, instituciones, estados, países, continentes, mundo y universo. Ellos dicen que podemos asumir que hay guerra en los lugares celestiales, pero ¿podría ser que estos escritores están bajo el control de los ángeles caídos porque no han perseguido la guerra en la forma en que se debe combatir? La biblia es clara, los ángeles caídos deben ser juzgados en el tribunal de Dios, Salmo 82. ¡Si es un ángel caído que está sobre una enfermedad o linaje de sangre, entonces el apóstol Pedro aclara que ese ángel caído debe ser juzgado y enviado a tártaros.

Al lidiar con los ángeles caídos en una ciudad, ellos solo liberan a quienes cumplen con las condiciones. ¡Lo mismo ocurre con instituciones como la Masonería! Déjame darte un ejemplo, Dios juzgo en una sesión ministerial a un ángel caído sobre la región de las ciudades que practicaban la Masonería, y todos los que tenían la logia Masónica en el linaje familiar se enfrentaron en la reunión cuando ese ángel caído salió de las mentes de los que estaban ahí presentes y luego los creyentes automáticamente empezaron a toser sacando los demonios. El punto es, cuando los caídos van a juicio, los demonios bajo su comando también salen. 2 Pedro es leído a la ligera por la iglesia. Los posos grises y de oscuridad asignados son para el juico del reino de las tinieblas. Debo presentar esta escritura así como las escrituras anteriores. La falta de comprensión que ha ocurrido en la iglesia es debido a que la necesidad de tener encuentros de guerra espiritual es extrema. La palabra infierno en la Biblia Amplificada proviene de la palabra griega tártaros.

CAPÍTULO SEITE

Este campo no es el mismo lugar que el infierno o el Seol, este es asignado específicamente para los ángeles caídos. Para el que lee 2 Pedro 2:4, "porque si Dios no perdonó a los ángeles que pecaron, sino que arrojándolos al infierno los entregó a prisiones de oscuridad (fosos de tinieblas) para ser reservados para el juicio". Rápidamente asumiríamos que Dios ha colocado a los ángeles caídos allí. Pero la palabra clave aquí es "para juicio". Debo participar en un combate del segundo cielo cuando Dios los envía a juicios o ellos bajan por sí mismos, debo hacer que sean juzgados acorde a la posición del creyente en Cristo. Una vez que el tribunal de Dios ha gobernado, entonces el creyente o la Iglesia, debe hacer que ese ángel caído sea atado con cadenas eternas de oscuridad para el juicio y después de orar el Salmo 82. Entonces Dios los enviará para siempre al tártaro. Hablaremos de esto más adelante en el libro, pero este es el proceso general que he estado haciendo de forma individual y corporativa a lo largo de diez años. Si esto es nuevo para ti, ya lo he dicho antes, esta es la liberación de la nueva generación.

La inmensidad de esta guerra es casi infinita si solo dependemos de ministerios de liberación individuales para manejar esto. Esta guerra según los escritos apostólicos es responsabilidad de la Iglesia, estas majestades angelicales caídas alrededor de todo el mundo tienen muchos gobernadores y subgobernadores en las diferentes esferas de autoridad, según su rango o números de creación. Los diccionarios bíblicos definen a estas majestades angelicales malignas como los primeros, los más importantes, los líderes. Esto significa que desde el comienzo ellos son los jefes en orden, tiempo y lugar o rango. Ellos se llaman así mismos los antiguos; su rango es príncipe principal, príncipe, rey y capitán. Dentro de esa estructura o títulos hay subgobernadores. La mayoría de estas majestades angelicales malignas de alto nivel se llaman así mismas con algún título de Jesús. Los ángeles caídos no tienen nombres demoniacos y miran a los demonios como inferiores en creación.

Cuando los caídos afectan la mente, esta cae bajo su influencia y la pelea puede ser muy difícil para el creyente incluso cosas como hablar o recordar lo que se dijo. Aquí es cuando le pido a Dios que envíe sus ángeles para que desarme al hombre fuerte (ángel caído). Esto parece debilitarlos, yo digo algo como esto: Padre, en el nombre de Jesús, escrito está que desarme al hombre fuerte, así que te pido que le ordenes al hombre fuerte ser desarmado de su armadura satánica. Luego oro para que el ángel caído tenga que decir cuál es el registro de deudas que el linaje de sangre o familiar tiene en deuda con ese ángel caído. Hago una lista, y luego oro para contrarrestar esas deudas con las obras de Jesús para la humanidad. En la oración, estoy buscando todos los bienes o posesiones de los ángeles caídos tal como está escrito en Lucas 11. Las escrituras de liberación en la biblia son poderosas en contra de los caídos. Nuevamente, una vez el proceso es completado, leo el Salmo 82, el ángel caído se retira de la mente y la persona toce expulsando los demonios. Si esto no sucede, los caídos y los demonios, no se han ido. ¡Más de mil encuentros han demostrado que esto es cierto! Cuando los ángeles caídos bajan hay presión del cuello para arriba, dolores de cabeza, mareos, confusión, dificultad para concentrarse, sensación

CAPÍTULO SEITE

de nausea así domo lo mencioné anteriormente.

Observen, los sueños, revelaciones, lo profético, palabras de conocimiento, y oraciones en los tribunales del cielo para la liberación, son solo en parte, eso es la biblia. La no confrontación es solo para obtener lo que ya se ha cubierto legalmente, pero la liberación de confrontación hace que los espíritus malignos entreguen lo que no quieren dar a conocer. ¡Esto es una liberación bien balanceada!

Esta es la victoria de la nueva creación, la autoridad que el hombre nuevo tiene sobre los ángeles caídos. En Cristo Jesús estamos sentados a la diestra de Dios en autoridad y poder. Así como Jesús ordeno a los demonios y a los caídos les dijo escrito está, así mismo debemos hacer nosotros.

Capítulo Ocho
Ángeles Caídos y la Autoridad de los Creyentes

Dentro del cuerpo de Cristo, parece haber esta suposición, esta creencia y/o acción, de que el creyente tiene autoridad y poder sobre el reino de las tinieblas. El hecho que se haya dado algo, no significa que se sepa como operar en lo que Jesús ha dado. Parece haber una aceptación ciega de una verdad que puede declarar algo sin operar en ciertas realidades, y sin pruebas, poder y responsabilidad. Déjame darte un ejemplo.

> *Sí, les he dado autoridad a ustedes para pisotear serpientes y escorpiones, y vencer todo el poder del enemigo; nada les podrá hacer daño. Lucas 10:19 (NVI)*

Algunas traducciones, como la biblia King James, traducen erróneamente la palabra "autoridad como poder". Indicando: "He aquí, les doy poder". Escuche lo que dice King James cuando usted substituye la palabra poder por autoridad. Dice, "te he dado AUTORIDAD para pisotear serpientes y escorpiones, y sobre todo el PODER del enemigo". Se necesita autoridad para vencer el poder del enemigo. Entonces, el poder en el que el creyente opera, revela la autoridad que el creyente tiene sobre el reino de las tinieblas.

En la batalla de las iglesias contra el reino de las tinieblas, y la autoridad del mal para gobernar por medio del pecado, es una jerarquía de ángeles caídos. Hay espíritus demoniacos que trabajan para los caídos. Un tercio de los ángeles cayó, por lo tanto, el nombre con el que se identifican en las sesiones de liberación es caídos. No se identifican a sí mismo como ángeles caídos sino como caídos. No quieren que la humanidad sepa que son ángeles que cayeron. Cuando el creyente opera con la autoridad adecuada, los caídos deben obedecer las leyes de Dios que la humanidad está haciendo cumplir.

Estos ángeles caídos han establecido un reino como Jesús lo dice en Mateo 12:25, y su misión o tarea es derrocar el gobierno de Dios. El líder del gobierno de Dios es Cristo Jesús. El gobierno de Jesús comprende muchas culturas de diferentes pueblos alrededor del mundo, durante muchos periodos de tiempo desde la resurrección.

La medida de autoridad dentro de la iglesia está en el

CAPÍTULO OCHO

poder, detrás de la autoridad. La razón por la cual no vemos más autoridad en la Iglesia, es porque la Iglesia no ha aprendido a moverse y a crecer en medida. Con cada medida aprendemos cómo ejercer la autoridad mediante el poder que Dios ha delegado dentro de esa medida. Hollar o pisotear significa pararse encima o hacer presión con el pie. Este es un recordatorio de lo registrado en Génesis 3:15. Nos damos cuenta que Dios ha diseñado niveles de autoridad que deben ser alcanzados en la medida en que operamos dentro de estas dimensiones.

La Iglesia está bajo algún sistema de creencias de que el arrepentimiento por el pecado es todo lo que se requiere. También asumen que la santificación es cederse al Espíritu Santo para la santificación del comportamiento pecaminoso. Estas afirmaciones son verdaderas, pero incompletas. El arrepentimiento nos da la entrada (salvación) en el Reino de Dios, y la obediencia al Espíritu Santo trae santificación, sin embargo, hay un campo más profundo con el que se debe lidiar. Al lidiar con espíritus demoníacos, rompimiento de maldiciones, sanidad interior y liberaciones se debe ir cogido de la mano con el arrepentimiento. También ayuda el incluir un proceso de santificación. Pero cuando hablamos de ángeles caídos en los campos celestes, también debemos incluir la corrupción del código genético humano que proviene de los ángeles caídos y sus hijos, los nefilin. Fui introducido a este tipo de liberaciones por medio de una profeta que asistía a mi Iglesia cuando dijo que el Señor le había hablado, yo realmente sentí que el Señor estaba en esas palabras, y como es lo usual, a puerta cerrada le pedí a Dios que confirmara esto con poder por medio de una liberación privada. Vi como cesaban las enfermedades generacionales, y muchas otras cosas asombrosas, como ver la calvicie generacional terminada, incluso rasgos del carácter de los padres, terminaron.

Veamos la definición de ADN de Wikipedia: Es la abreviatura de ácido desoxirribonucleico y es la molécula que contiene el código genético de los organismos. El ADN está en cada célula del organismo y le dice a las células qué proteínas fabricar. Mayormente, estas proteínas, son enzimas. El ADN lo heredan los hijos de sus padres. Por lo tanto, los niños comparten rasgos con sus padres como; la piel, el cabello y el color de los ojos. El ADN en una persona es una combinación del ADN de cada uno de sus padres. He visto este rasgo del carácter reflejado físicamente, y a través del alma, espiritualmente.

Así mismo como el pecado entró en el mundo y corrompió el universo en esta Era maligna, así también el pecado a través de los ángeles caídos ha corrompido el ADN del hombre. Como el apóstol Pablo dijo en 2 Corintios 12 que él fue llevado al tercer cielo, es lógico pensar que debe haber un primer y segundo cielo para que pueda haber un tercero. ¡También sería lógico pensar que el pecado corrompió toda la composición química de la humanidad cuando el pecado entró en esta Era! Lo que estoy diciendo es que los espíritus malignos deben salir de nuestro ADN cuando la liberación o expulsión es hecha. Puedes decir, ¿Qué tiene que ver nuestro ADN con la autoridad del creyente? ¡Todo! En la promesa de salvación, nuestros espíritus hoy en día son renovados, nuestra mente es

CAPÍTULO OCHO

transformada, y cuando Cristo regrese, nuestros cuerpos serán imperecederos o perdurables por siempre. El pecado cambió nuestro ADN para morir, la enfermedad vive en el ADN, incluso los rasgos del carácter o el deseo de hacer el mal. A esto lo llamamos la naturaleza pecaminosa o un principio satánico. Todo esto afecta nuestra fe.

Lo que estoy sugiriendo es que la Iglesia debe profundizar en el Reino Espiritual y entender que hay reglas que deben ser seguidas al ejercer la autoridad espiritual. Si no seguimos estas reglas, los resultados que buscamos no sucederán. Jesús dijo: "se me ha dado toda autoridad en el cielo y en la tierra" (Mateo 28:18). Después el comisionó a sus seguidores que hicieran discípulos con la autoridad que Él nos ha dado. Jesús completó su misión al reclamar toda autoridad. La Iglesia que opere con autoridad hará discípulos hasta el final de la Era.

Para cumplir con este decreto en Mateo 28, Jesús le dio a la Iglesia el Espíritu Santo para empoderar y transformar el mundo. La mayoría de las Iglesias tiene una doctrina correcta, pero no una práctica correcta de las escrituras. Esto sucede cuando lo sobrenatural es reemplazado por un evangelio de auto justicia. Para que la iglesia pueda tener la autoridad correcta, deberá retornar al liderazgo apostólico.

Lo que diferencia a los apóstoles de los demás miembros del cuerpo de Cristo es su extraordinaria autoridad. Los apóstoles demuestran la verdadera autoridad apostólica sobre el reino de las tinieblas, especialmente sobre los ángeles caídos. Entendemos que es el Espíritu Santo el que funciona dentro de nosotros y es Él quien delega autoridad a los creyentes.

Y Él mismo constituyó a unos, apóstoles; a otros, profetas; a otros, evangelistas; a otros, pastores y maestros, a fin de perfeccionar a los Santos para la obra del ministerio para la edificación del cuerpo de Cristo, hasta que todos lleguemos a la unidad de la fe y del conocimiento del Hijo de Dios, a un varón perfecto, a la medida de la estatura de la plenitud de Cristo; para que ya no seamos niños fluctuantes, llevados por doquiera de todo viento de doctrina, por estratagema de hombres que para engañar emplean con astucia las artimañas del Señor, sino que siguiendo la verdad en amor, crezcamos en todo en aquel que es la cabeza, esto es, Cristo, de quien todo el cuerpo, bien concertado y unido entre sí por todas las coyunturas que se ayudan mutuamente según la actividad propia de cada miembro, recibe su crecimiento para ir edificándose en amor. Efesios 4:12-16 (RVR60).

Cuando leo comentarios sobre esta escritura, todos dejan por fuera lo sobrenatural. Sin embargo, cada una de las personas en la Biblia tenía algún tipo de ministerio sobrenatural. La palabra griega "apostello" significa enviar o hacer que algo se envíe. La definición de Strong dice que un apóstol es oficialmente comisionado por Cristo con poderes milagrosos. Los apóstoles están diseñados para ser levantados con autoridad, para operar en los campos celestiales. Los apóstoles están equipados para hablar desde los campos celestiales y para operar con las cosas que tienen lugar en los cielos. Los llamados apóstoles de hoy en día

CAPÍTULO OCHO

no hacen esto. Los apóstoles están llamados a trabajar con los ejércitos angelicales de Dios para derrotar a los ángeles caídos en las cuatro dimensiones del segundo cielo.

La Necesidad de la Revelación

No es la revelación o la naturaleza de la revelación la que abre nuevos campos de autoridad, fe y libertad, sino aquel que está equipado. Este es el ministerio apostólico, pionero en la obra a través de la autoridad y el poder. Trayendo las cosas de los cielos a la tierra. Es absolutamente imposible para la Iglesia vivir y demostrar la vida de Cristo sin recibir la revelación de Dios a través de un encuentro sobrenatural. Oseas 4:6 dice: "Mi pueblo se perdió (fue destruido) por falta de conocimiento". El conocimiento es un hecho, información que ha sido desarrollada hábilmente a través de las experiencias y educación de una persona. Estos hechos dominan el mundo invisible. La información obtenida es directamente del Señor a través de la actividad sobrenatural. Este conocimiento produce rompimiento de barreras sobrenaturales a partir de los encuentros. Cuando el Señor me dijo años atrás, que Él me revelaría los secretos del reino de las tinieblas, no lo comprendí. Pero en la medida en que cedía a la unción de la liberación, tenía hambre y sed de más conocimiento, Dios me permitió enfrentar demonios más poderosos. Luego, Dios hizo descender a los ángeles caídos, ahora con más de 20 años de experiencia estoy escribiendo y reportando la obra del Espíritu Santo. Esta no es mi obra, si no la obra del Espíritu Santo, Él ha tomado el control de muchas sesiones de ministración para liberación de ángeles caídos y me ha mostrado inmediatamente cómo

Ángeles Caídos y la Autoridad de los Creyentes

se debe llevar a cabo este proceso.

El ministerio quíntuple está completamente equipado y perfecciona los Santos por obras de servicio. Es por esto que cada uno de estos ministerios es tan importante. Ellos son muy diferentes, tanto en el llamado como en la asignación. El cuerpo de Cristo necesita ser edificado. Esto parece ser un término de construcción, unir las diferentes piezas y materiales a lo largo del tiempo, así nos incorporamos y establecemos por medio de desarrollar una Iglesia armificada, lista para desmantelar a los ángeles caídos geográficos y los demonios en el territorio donde se encuentran. Un apóstol ve la importancia del ministerio quíntuple dentro de su esfera de autoridad y busca construir, perfeccionar, madurar y armificar a la Iglesia. Utilizo la palabra armificar porque tiene dos significados básicos; Primero, es el suministrar y equipar con armas. Segundo, y me gusta mucho este significado es el convertir para usar algo como un arma.

Al lidiar con ángeles caídos, espíritus demoniacos, he tenido que armificar la palabra de Dios para vencer los poderes secretos de las tinieblas.

Proverbios 29:18 dice "donde no hay revelación, el pueblo se desenfrena". Si reducimos esta escritura a la revelación profética, solo podemos operar en parte. Las revelaciones proféticas son cosas que comienzan a suceder y que en el futuro se completan.

Los campos en el reino de las tinieblas siempre han sido

CAPÍTULO OCHO

revelados primero, a través de esta declaración de Dios, "te mostraré algo que nunca has visto antes" horas más tarde, estaba en una sesión de liberación y una personalidad alterna escocesa de hace 600 años salió a flote. Los campos malignos también me habían informado de cómo debería comportarme cuando me encontrara con espíritus malignos. Me habían dicho que no debía tocarlos, porque ellos estaban armados, refiriéndose a la armadura de Satanás. El modelo de liberación que Dios nos ha dado es por medio de la Sabiduría, extrayendo información o escuchando los espíritus malignos cuando se jactan, estamos así, discerniendo y ajustándonos a ese modelo. Déjame decirlo como lo hice en el último capítulo, Dios hace que los espíritus digan cosas, es nuestro deber, discernir lo correcto (ayuda/pistas) o lo incorrecto (mentiras). La información que dan los espíritus malignos, la mayoría de las veces serán mentiras. Pero Dios también decide ordenarles a los espíritus malignos que hablen cosas útiles y al hacerlo, es mi trabajo discernir y usar la palabra de Dios para poder ir más allá en la sesión ministerial o en este campo.

Descubrí la armadura de Satanás a través de un espíritu de brujería. La armadura de Satanás había estado en la palabra de Dios desde el momento en que escribieron los evangelios. Este espíritu me dijo que no podía tocarlo, y eso fue lo que sucedió. Me faltó la revelación a través de la escritura; me faltaban las armas que necesitaba para expulsar la brujería. Estaba oculto en su origen. No sabía que este espíritu en particular necesitaba ser desarmado espiritualmente (Lucas 11). Lo supernatural viene a través de la voz de Dios con una demostración visible de poder.

Ángeles Caídos y la Autoridad de los Creyentes

También puede venir por medio de espíritus malignos ordenados por Dios, pero esto solo vendrá con una verdad parcial. El diablo en el jardín tergiversó la verdad, este es un buen ejemplo. El espíritu de brujería no me dijo la verdad, solo reveló que estaba armado y eso solo era una pista hacia la verdad, era mi deber estudiar las escrituras como un Bereano (Hechos 17:11). La verdad tergiversada es engañosa, pues busca el resultado equivocado, pero como un buen soldado en el ejército del Señor, desenredé la verdad; me dejó con una escritura, también con una revelación y con el poder de manifestación. Siempre le digo a quien habla de revelación ¡manifiéstate en poder! La revelación es una visión de lo que ha de venir, pero también es el poder de Dios en el ahora. Necesito la visión del campo invisible, la estructura de los ángeles caídos del segundo cielo y sus órdenes deben ser reveladas en poder por Dios.

Cuando el hombre fuerte armado guarda su palacio, en paz está lo que posee. Pero cuando viene otro más fuerte que él y le vence, le quita todas sus armas en que confiaba y reparte el botín. El que no es conmigo, contra mí es; y el que conmigo no recoge, desparrama. Lucas 11:21-23 (RVR1960)

Cuando leo material sobre la guerra espiritual y me encuentro con declaraciones como, "un principado demoniaco de alto rango", yo entiendo que ellos escriben basados en una supuesta revelación. Lo que quiero decir es, presunción. Una idea que se considera verdadera y que a menudo se usa como base, pero no como una realidad total. En los reinos celestiales hay principados, pero la palabra

CAPÍTULO OCHO

demoniaca revela, un estado de cosas que no son objetivas y no existen. La palabra demoniaca expresa el reino terrestre, donde el principado transmite los campos celestiales, celestes o segundo cielo.

Todos los ángeles caídos están armados, las escrituras confirman las experiencias de combate. Entiendo que la armadura de Dios es para los ángeles caídos y no para protegerse de los demonios. ¿Protegerá de los demonios? Sí, pero ese no es el diseño original. Mira de acerca la palabra de Dios.

> *Vestíos de toda la armadura de Dios, para que podáis estar firmes contra las asechanzas del diablo. Efesios 6:11 (RVR1960)*

En esta escritura directamente se nos revela que la armadura de Dios nos ayuda a estar firmes en contra de los planes del diablo, nombre que se usa como metáfora para referirse a todos los ángeles caídos. Definimos asechanzas como un engaño, artimaña o artes astutas del mal que asechan. ¿Qué está diciendo Pablo? Es la astucia en la manera de hacer algo engañoso, especialmente de una manera sistemática; implica un arreglo ordenado y lógico, usualmente en pasos. Esto solamente viene a través de los ángeles caídos, no demonios. Pablo lo dice directamente en el verso 12, luchamos contra los principados y potestades, en contra de los dominios, en los campos celestiales. ¿Ahora ven por qué les digo que el diablo es una metáfora, y que la armadura es para los caídos?

Ángeles Caídos y la Autoridad de los Creyentes

Lucas nos ha dado una similitud total a la de un señor de un castillo bien armado. Esta comparación entre el campo visible y el campo invisible es la clave para la victoria de los creyentes y la derrota de los ángeles caídos y hombres fuertes. Un Señorío es alguien que tiene poder, autoridad o influencia. Es un hombre de rango noble o de alto oficio sobre su castillo y su jurisdicción. La Biblia dice que Dios es el Señor sobre los cielos y sobre la tierra. Dios también es Señor sobre los ejércitos celestiales. Estos señores tienen muchos espíritus malignos trabajando como soldados bajo su comando.

Entiendo que los demonios se les llame hombres fuertes cuando se les realiza una liberación corporal terrestre. Ellos tienen que ganarse su derecho para ser llamados así, pero no son de un linaje real. Es más como un título honorario. Hay muchos hombres fuertes demoniacos, y pueden tener muchos demonios a su cargo, pero ellos trabajan directamente para los ángeles caídos quienes por definición bíblica se definen como hombre fuerte. Habrá muchos señores, cada ángel caído en su orden, hasta que lleguemos a Satanás. Los ángeles caídos son majestades angelicales quienes Lucas define como hombres fuertes. Ellos son los primeros o los prominentes, son líderes, señores, príncipes principales, príncipes, reyes, capitanes. Ellos fueron el comienzo de esta Era caída maligna y se llaman a sí mismo los autores del pecado. Pero los demonios se definen bíblicamente como espíritus sobrenaturales, malignos y sin cuerpo. Hemos aprendido que los tronos, dominios, principados y poderes, son niveles y subniveles de hombres fuertes en los reinos celestiales.

CAPÍTULO OCHO

Los campos angelicales, tanto buenos como malos, están muy bien estructurados y organizados. Están establecidos como en la forma de un reino. Los ángeles tienen órdenes descendientes de autoridad según su clase y número de creación. De acuerdo con su jurisdicción y territorio, hay diferentes gobernantes y sub gobernantes responsables de diferentes áreas de autoridad en los reinos celestiales que gobiernan sobre la tierra. Definiciones Bíblicas llaman a las regiones de los campos celestiales sobre la tierra, se define como un espacio o arcos abovedados en lo alto de la tierra de un horizonte a otro, influyendo al sol, la luna, las constelaciones, y las estrellas. Estos castillos de los que habla Lucas, se definen como esferas de oscuridad dominadas por la ausencia de luz y poder. Son esferas de autoridad que influencian en y para la oscuridad controlando las mentes de la humanidad acorde con la voluntad del ángel caído maligno. Las palabras que se usan para hablar acerca de áreas son; la tierra, áreas geográficas, regiones, espacios, distritos, áreas habitadas, territorios, lugares, áreas urbanas y áreas silvestres. Déjame darte una referencia bíblica, Lucas 20:20 el objetivo era atrapar a Jesús y entregarlo al control y la autoridad de Pilato, el gobernador, detrás de cada persona en autoridad hay un ángel. La forma como gobierna una persona muestra si el ángel es de Dios o es un ángel caído que está influenciando en su mente.

En Lucas 20:20 y Judas verso 6, lo visible y lo invisible, lo interesante es que la autoridad hace referencia al principio o al origen. Es una base y una fuente. La referencia es a los principados elementales en el cargo. Pilato era el gobernante visible como gobernador, pero un principado

Ángeles Caídos y la Autoridad de los Creyentes

maligno tenía el control de su gobierno y su región. En Judas verso 6, los ángeles caídos invisibles dejaron sus lugares de autoridad y poder de su lugar de residencia o castillo.

Tomemos la palabra "comenzar" en la Biblia con el significado de iniciar una acción a través de un proceso para un estado del ser. Esto involucra el tiempo en la definición. Comenzar tiene que ver con un punto en el tiempo o el comienzo de una duración para continuar con algo para que sea completado. Hay otra definición para comenzar de la cual voy a hablar, comenzar también se define como un experto o maestro constructor. Todo ángel caído que llega al poder está ahí para construir su reino primero. Por ejemplo, sabemos que cuando Jesús Cristo regrese esta Era maligna llegará a su fin, al fin del milenio (apocalipsis 20:1-5) el mal se eliminará para siempre. Jesús el hacedor de obras, eliminará el tiempo y el mal.

La iglesia que entiende que esta es una guerra generacional hasta el final de la guerra es la iglesia que vence. Comprender a mi oponente es tan importante como derrotarle.

Efesios 6:12, Porque no tenemos lucha contra sangre y carne (contendiendo solo contra oponentes físicos), no en contra de personas con cuerpo, sino contra poderes cósmicos y/ángeles caídos quienes gobiernan en varias áreas y en ordenes descendientes de autoridad. En contra de los dominadores de esta presente Era malvada, en contra de huestes espirituales de maldad.

CAPÍTULO OCHO

Pablo está diciendo que llamamos a estos ángeles caídos; majestades, dignatarios, y el glorioso (tal como el que enfrenté en un encuentro de poder por primera vez, él se llamó a sí mismo el glorioso, el número 24 en creación y orden desde Satanás). Hoy lo conozco por su título, el glorioso, como un trono o arcángel gobernador o príncipe. A través del tribunal de batalla, la batalla fue sobre la Palabra de Dios y la obediencia a esta, todos los que asistieron a la reunión y tenían raíces en la Logia Masónica fueron liberados. Cuando el ángel caído llamado el glorioso, descendió para juzgar su fuerza y su poder se apoderaron de todos los que tenían historia ancestral en la Logia. Se apoderó de las mentes del hombre con un poder controlador para dominar los pensamientos de aquellos que tenían raíces en la logia Masónica. Mientras hablaba a través de una persona, afectaba a todos. La batalla se terminó, "escrito está". También estaban sobre las posiciones de la Iglesia en Cristo Jesús. Una vez que las acusaciones fueron respondidas de acuerdo a la Palabra de Dios, las mentes de las personas fueron libres y luego la gente empezó a toser, expulsando los demonios. Esta es la victoria de los creyentes sobre los ángeles caídos.

Nosotros, como soldados, entrenamos en el combate del segundo cielo, debido a nuestra posición en Cristo Jesús, somos lo suficientemente fuertes y capaces de realizar acciones que destronen a los principados. La clave es poseer el conocimiento y entrenamiento que producen las cualidades de Dios necesarias para luchar contra los ángeles caídos por el derecho a gobernar. El Reino de Jesús, Reina por la Justicia. Mientras vivimos para la santificación y

Ángeles Caídos y la Autoridad de los Creyentes

buscamos ser entrenados, a través de la oración, evangelismo de poder, ministración de poder, y la verdadera predicación del evangelio, la Iglesia comienza un proceso de lucha contra los ángeles caídos por las mentes de la humanidad.

Pablo dice que debemos permanecer en los campos celestiales tomando nuestra posición en el campo de batalla y operando desde ella. Por lo tanto, Pablo dice que necesitamos la armadura de Dios para tener protección contra los ángeles caídos. Cuando David se paró en el campo de batalla contra Goliat, lo visible está reflejando lo invisible, fue el Señor Dios quien defendió a David y quien nos defiende a nosotros. Goliat, era el campeón del ejército filisteo, por lo tanto, eran ángeles caídos sobre espíritus demoniacos.

Este combate o lucha que es hasta el final de la Era entre la iglesia y los ángeles caídos es el designio de Dios para desatar Su Sabiduría multifacética en todos Sus innumerables aspectos. Es para hacer conocer el poder de Dios por medio de la revelación de misterios de los gobernantes angelicales y autoridades en los campos celestiales. Esta guerra es completamente acerca de que la Gloria de Dios sea conocida.

Mientras la Iglesia lucha contra los ángeles caídos, o si se quiere decir mientras ocurre una pelea callejera en la mente del hombre, se da la competencia por derribar al otro y así decidir el vencedor que logre detener a su oponente. Si los caídos ganan, esto significa que se despoja a la Iglesia de las muchas bendiciones, herencias, presencia y poder que le

CAPÍTULO OCHO

pertenecen a través de la salvación. Las personas están perdidas, la Iglesia es presionada e incapaz de levantarse a recibir el derramamiento de Dios en Cristo. Esos gobernantes, jefes, príncipes y magistrados deben ser enfrentados correctamente y derrotados. Es la posición de la Iglesia como cuerpo de Jesús el ejercer la autoridad y el poder de Jesús en esta Era maligna. Es la voluntad de Dios que la Iglesia sea una luz en lugares de oscuridad, una ciudad en la punta de una colina o un refugio territorial. Recuerden lo que dije antes sobre el gobierno de las tinieblas en la ausencia de la luz. Por lo que la iglesia no pelee, la luz no puede entrar a brillar en esas dimensiones. Si no se lucha en oración, los cielos no se abrirán completamente. Si las Iglesias se rehúsan a hacer evangelismo de Poder, la humanidad permanecerá perdida. Si la Iglesia no contiende por el poder de Dios, las bendiciones de Dios serán pocas y distantes.

Pero ahora los once discípulos se fueron a Galilea, a la montaña que Jesús había designado y cuando lo vieron, lo adoraron; pero algunos dudaron "que realmente era El". Jesús se acercó y les dijo: "toda autoridad (todo poder de gobierno absoluto) en el cielo y en la tierra me ha sido dada. Id, pues, y haced discípulos a todas las naciones (ayudad a la gente a aprender de Mí, Creer en Mí y Obedecer mis Palabras), bautizándolos en el nombre del PADRE Y DEL Hijo y del espíritu Santo, enseñándoles a observar todo lo que te he mandado; y he aquí, estoy contigo siempre (permaneciendo contigo perpetuamente, independientemente de las circunstancias, y en cada ocasión), incluso hasta el final de la Era". Mateo 28:16-20 (Versión amplificada)

Capítulo Nueve

Encuentros de Poder con Ángeles Caídosv

En mis primeros días de hacer guerra espiritual y tener encuentros de poder, solo podía ver las Escrituras de manera natural y teológica, mientras lo comprendía o lo experimentaba. Creo que esto es verdad para todos nosotros. Tampoco afirmo que yo entiendo todo lo relacionado con todas las cosas en las Escrituras. Este texto de las escrituras, lo he leído y lo he enseñado en parte. En otras palabras, operé y enseñé Mateo 12 desde una comprensión del campo demoniaco y de otros escritores. Pero hoy, me gustaría retirar el velo y abrir nuestras mentes a una dimensión que está escrita aquí en las Escrituras, pero que pocos lo entienden.

Entonces fue traído a él un endemoniado, ciego y mudo; y le sanó, de tal manera que el ciego y mudo veía y hablaba.

Entonces fue traído a él un endemoniado, ciego y mudo; y le sanó, de tal manera que el ciego y mudo veía y hablaba. Y toda la gente estaba atónita, y decía: ¿Será éste aquel Hijo de David? Más los fariseos, al oírlo, decían: Este no echa fuera los demonios sino por Belcebú, príncipe de los demonios. Sabiendo Jesús los pensamientos de ellos, les dijo: Todo reino dividido contra sí mismo, es asolado, y toda ciudad o casa dividida contra sí misma, no permanecerá. Y si Satanás echa fuera a Satanás, contra sí mismo está dividido; ¿cómo, pues, permanecerá su reino? Y si yo echo fuera los demonios por Belcebú, ¿por quién los echan vuestros hijos? Por tanto, ellos serán vuestros jueces. Pero si yo por el Espíritu de Dios echo fuera los demonios, ciertamente ha llegado a vosotros el reino de Dios. Porque ¿cómo puede alguno entrar en la casa del hombre fuerte, y saquear sus bienes, si primero no le ata? Y entonces podrá saquear su casa. Mateo 12:22-29 (RVR1960)

La mayoría de los comentarios sobre el versículo 22 son muy breves. Mateo nos dice que este hombre tenía un demonio, y la función o misión de los demonios, era hacer que el hombre fuera ciego y mudo. Desde el principio hasta ahora, mi entrenamiento en guerra espiritual continuamente ha revelado continuamente que nunca hay solo un demonio. Mi experiencia me dice que los demonios trabajan en grupos, así mismo como los ángeles caídos trabajan en grupos. La posesión demoniaca ocurre a través de las maldiciones y/o derecho legales. Posesiones parciales y no totales. Parte de las emociones de este hombre eran atormentadas, el hombre pudo elegir voluntariamente que se le llevara a Jesús, esto muestra la voluntad del hombre para

CAPÍTULO NUEVE

ser libre. Muchos santos con buena voluntad traen a sus familiares queridos para liberación, aun así esa persona en el fondo no desea ser libre. Si la voluntad o libre albedrío del hombre no está buscando la libertad, lo sobrenatural no ocurre en la mayoría de los casos.

La definición de posesión aquí es estar bajo el poder, control e influencia de un demonio. La posesión en la Biblia tiene que ver con la aflicción, es más que algunas dificultades, adversidad o tristeza, esto está incluido, pero la clase de dificultades o dolor se debe a algún trastorno físico o en el alma debido a una condición espiritual. La persona está perturbada o bajo alguna maldición. La mayoría de los derechos legales tienen maldiciones adjuntas a ellos en posesión. La palabra griega posesión es usada trece veces en el nuevo testamento.

Mateo no clasifica específicamente la sanidad como un exorcismo, pero en el versículo 24 se asume que una ha ocurrido. El hombre era ciego y mudo, necesitaba intervención espiritual, no una sanidad. La posesión infiere que el hombre estaba atado o ligado como uno con el demonio, y con aquellos que trabajan para el demonio. Lo que Mateo quiere decir es, el atar y ligar a los demonios es por seguridad. Lucas nos dice en el capítulo 11:21, que el hombre fuerte está completamente armado y guarda su casa para que sus pertenencias estén seguras y no sean perturbadas. El demonio que tenía la función de hacer que el hombre fuera ciego y mudo estaba seguro ahí, debido a sus derechos y maldiciones. Espiritualmente este hombre fue encarcelado y mantenido cautivo.

Encuentros de Poder con Ángeles Caídos v

Hay otros derechos que los demonios y ángeles caídos usan para llevar cautiva a la humanidad. ¡Uno es la disociación! La disociación es la separación y/o desconexión de un estado de sí mismo. Las personas que tienen un trastorno de identidad disociativo o un desorden de múltiple personalidad debido al trauma han fragmentado su personalidad y pensamientos, formando otras personalidades. En la mayoría de los casos, alguna clase de abuso ha ocurrido durante la infancia. Cuando escuchamos la palabra abuso, pensamos lo peor; como el abuso físico, mental o sexual, pero el abuso puede ocurrir al no satisfacer las necesidades emocionales del niño o niña. Usemos un ejemplo que sucede a menudo, pero que la mayoría no lo ve como un abuso. Qué tal trabajar tanto, que se suplen las necesidades del niño(a), menos las emocionales. Esta es una forma de abandono y suele ser causante de disociación. Para un ministro de liberación bien entrenado, se sabe que los demonios infestan las emociones de las personas, también se sabe, que si los demonios están injertados en las emociones también los ángeles caídos se han injertado en la mente de la persona.

Esto nos lleva a diferentes liberaciones de ángeles caídos. Hablaremos de esto más adelante, pero comentaré algo aquí, un ángel caído podría tener toda la herencia del trauma y otro podría estar sobre toda la línea familiar a través de la iniquidad, por lo tanto, la persona tendría que pasar por dos liberaciones de ángeles caídos. Una por todo lo que ha sucedido a causa del trauma, con expulsión de demonios después de que el ángel caído se vaya. La segunda, por los pecados y maldiciones cometidas por el linaje san-

CAPÍTULO NUEVE

guíneo dentro de esa generación o el trauma generacional pasado de generación en generación, seguido también por la expulsión de demonios después que el ángel caído se vaya. Ya que los demonios son la descendencia de los caídos es razonable ver a los demonios haciendo lo que los ángeles caídos han hecho desde antes de la creación. Lo diré de esta manera, la liberación demoniaca revela encuentros con ángeles caídos, porque los demonios trabajan dentro del sistema de estos. Para más información sobre este punto, ve a mi libro "Explorando los Secretos de los Campos Celestiales". También sabemos que no todo exorcismo será de un caído. En la mayoría de los casos, el ministro de liberación debe sacar suficientes demonios como para hacer que descienda el ángel caído.

Este hombre ciego y mudo servía como esclavo al espíritu maligno. Esto es lo que los vicios o condiciones nos revelan. La humanidad siendo cautiva espiritualmente fue puesta en cautividad para servir a las funciones de los espíritus malignos. Es lo mismo para los problemas de salud, los espíritus de enfermedad han esclavizado el cuerpo humano con la función de esa enfermedad. Si es una clase de enfermedad manejada o controlada o en remisión por la medicina o en tratamiento, el hombre espiritual sabe que es una enfermedad que está en curso por un espíritu maligno. ¡Miremos un espíritu de enfermedad en Lucas!

Enseñaba Jesús en una sinagoga en el día de reposo; y había allí una mujer que desde hacía dieciocho años tenía espíritu de enfermedad, y andaba encorvada, y en ninguna manera se podía enderezar. Cuando Jesús la vio, la llamó

Encuentros de Poder con Ángeles Caídos

y le dijo: Mujer, eres libre de tu enfermedad. Y puso las manos sobre ella; y ella se enderezó luego, y glorificaba a Dios. Pero el principal de la sinagoga, enojado de que Jesús hubiese sanado en el día de reposo, dijo a la gente: Seis días hay en que se debe trabajar; en éstos, pues, venid y sed sanados, y no en día de reposo. Entonces el Señor le respondió y dijo: Hipócrita, cada uno de vosotros ¿no desata en el día de reposo[d] su buey o su asno del pesebre y lo lleva a beber? Y a esta hija de Abraham, que Satanás había atado dieciocho años, ¿no se le debía desatar de esta ligadura en el día de reposo? Al decir él estas cosas, se avergonzaban todos sus adversarios; pero todo el pueblo se regocijaba por todas las cosas gloriosas hechas por él. Lucas 13:10-17 (RVR1960)

Cuando leo comentarios y/o autores sobre ciertos temas, tengo este pensamiento interno, por qué a alguien se le ocurriría escribir algo sobre lo que no tiene ningún entrenamiento espiritual. A lo que me refiero es, por qué escribir sobre lo que creen que dice la Palabra de Dios en lugar de escribir sobre un encuentro de poder a través de la Palabra.

La mujer fue desatada, lo que significa que estaba poseída. Recuerdan la definición, la posesión infiere que la mujer estaba atada o ligada como una con el demonio y con los que trabajan para él. Jesús dice que los malignos consideran el cuerpo humano como sus casas. Permíteme usar otra definición Bíblica que usa Strong. El significado figurativo es perdonar o divorciarse. Perdón es la opción de disculparse o ser disculpado por un error u ofensa. Esta mujer

CAPÍTULO NUEVE

tenía que perdonar a cualquiera que la hubiese lastimado de alguna manera, ella también necesitaba el perdón de Jesús. No leemos esto en las escrituras, pero la definición nos permite profundizar más en el relato que se registra en las escrituras. Ser perdonado por Jesús y perdonar a las personas, son leyes en el campo espiritual que traen divorcio de los acuerdos contractuales que se han hecho con el mal a través de la falta de perdón y al no confesar los pecados. Hay una confesión para salvación, y eso cubre la parte espiritual y eterna de la humanidad para nacer de nuevo. El perdón tiene otro lado, y eso cubre al creyente en esta Era caída o la carne, y la libertad del reino de las tinieblas.

Mateo 6:14 Porque si ustedes perdonan a las personas cuando ellas pecan contra ustedes, vuestro Padre espiritual también los perdonará. Pero si no perdonas a otros sus pecados, vuestro Padre no perdonará los suyos.

Si examinamos esta escritura a la luz de las enseñanzas de Jesús, estas escrituras nos hablan de ser perdonados en esta Era maligna. Podríamos decir, estar perdonados y estar divorciados de los espíritus malignos que tienen derechos legales, maldiciones, fortalezas, juramentos y votos, pactos de brujería, maldiciones de sangre, e iniquidades generacionales. Jesús estaba haciendo la obra del Padre, sanó y liberó a esta mujer en el día de reposo. Jesús dice algo de vital importancia, Satanás había atado a esta mujer. Recuerden que dije que Satanás se puede referir a una metáfora para los ángeles caídos. Aquí entonces, vemos al ángel caído que era dueño de la enfermedad, pero la posesión demoniaca dentro del cuerpo estaba llevando a cabo su

Encuentros de Poder con Ángeles Caídos

función. Mi punto es que el demonio tenía protección del segundo cielo. Jesús mismo dijo, Satanás había atado a esta mujer. En mis primeros días, habría interpretado que esto significa solo posesión demoniaca. Hoy, con más de mil encuentros con ángeles caídos en el segundo cielo, sé por experiencia que se debe lidiar con los campos celestiales y terrenales. ¿Cómo hago esto? Pídele a Jesús que se pare entre tú, la persona, y el segundo cielo. Entonces ahí trato con lo demoniaco. Segundo, le pido a Dios Padre que envíe a ángel caído que tiene el derecho a la inflexión, el linaje sanguíneo con enfermedad, y le pido a Dios que lo juzgue.

El Encuentro de Poder Samaritano

Y Saulo consentía en su muerte. En aquel día hubo una gran persecución contra la iglesia que estaba en Jerusalén; y todos fueron esparcidos por las tierras de Judea y de Samaria, salvo los apóstoles. Y hombres piadosos llevaron a enterrar a Esteban, e hicieron gran llanto sobre él. Y Saulo asolaba la iglesia, y entrando casa por casa, arrastraba a hombres y a mujeres, y los entregaba en la cárcel. Pero los que fueron esparcidos iban por todas partes anunciando el evangelio. Entonces Felipe, descendiendo a la ciudad de Samaria, le predicaba a Cristo. Y la gente, unánime, escuchaba atentamente las cosas que decía Felipe, oyendo y viendo las señales que hacía. Porque de muchos que tenían espíritus inmundos, salían éstos dando grandes voces; y muchos paralíticos y cojos eran sanados; así que había gran gozo en aquella ciudad. Hechos 8:1-8 (RVR1960)

La escritura nos dice que los samaritanos primero es-

CAPÍTULO NUEVE

cucharon a Felipe por los milagros que Dios estaba haciendo por medio de él. En la mayoría de los casos, es el ministerio de poder que atrae a multitudes. Esto abre las puertas del Evangelio, y es el mensaje lo que cambia la mentalidad. Felipe estaba haciendo lo que hoy llamamos, Evangelismo de Poder. Vemos cómo la Iglesia primitiva respondió a la gran comisión. El libro de Hechos nos revela que los discípulos salieron y difundieron las nueva buenas con demostraciones del poder de Dios. La clave para cualquier gran avivamiento es la ubicación y el tiempo. Dios había preparado a la Iglesia para expandir el Reino. Vemos que Felipe no solo enseñó lo que los apóstoles le instruyeron, sino que también hizo lo que el Espíritu Santo le llevaba a hacer.

Hoy en día la Iglesia debe continuar las obras y las enseñanzas de Jesús. La gran comisión no es otra, que el ministerio de Jesús hecho a través de Su Iglesia. También podemos concluir a partir de las escrituras que la próxima generación de ministros estaba por llegar. El evangelio con la bendición de Dios es que más ministros realicen el ministerio de Jesús. Esta segunda generación de ministros eran Felipe, Esteban y Ananías. A medida que el evangelio se extendió por toda Asia menor, vemos a la tercera generación de ministros de poder, Bernabé, Silas y Timoteo.

La Biblia declara que los primeros milagros hechos fueron la liberación de espíritus inmundos, estos espíritus clamaban debido al juicio de Dios contra ellos. En la liberación corporativa, leo una renunciación general y hago que las personas la repitan. Una vez cubierta esta renunciación, está el perdón de pecados, los derechos legales, el

Encuentros de Poder con Ángeles Caídos

rompimiento de maldiciones, la ruptura de ligaduras de alma, los juramentos, votos, y la renuncia al reino de las tinieblas y todos los espíritus malignos enlistados. También les pido que renuncien al segundo cielo o ángeles caídos sobre su línea de sangre, territorio y nación. Después, cuando digo salgan fuera, el Poder de Dios desciende y el Espíritu Santo los expulsa. Las personas comienzan a toser, a vomitar, a gritar, los espíritus malignos invaden a las personas y los traumas emocionales se manifiestan. ¡Es poderoso, pero caótico! Un ministerio así no aparece en la Iglesia de tu mamá, si yo comienzo con una liberación, me encuentro que la cantidad de sanidades que ocurren después de esto es en un 50% más alto. Si profundizo sobre espíritus de enfermedad, después de la liberación demoniaca, las sanidades en una reunión pueden subir en un 70% más. Aquí hay algo más que encuentro que está operando, el Espíritu Santo está ejerciendo un juicio contra el reino de las tinieblas. Las personas solo por la fe son sanas, se levantan de las sillas de ruedas porque ven la manifestación del Espíritu Santo en el juicio contra los espíritus malignos. La gente dice cosas como, vi el poder de Dios en contra de los malignos, la enfermedad vino por el pecado, así que me levanté con fe o le pedí a Dios en el nombre de Jesús que me sanara, y eso sucedió.

Aparece en la escrituras, si tomamos en cuenta el relato de Felipe, la liberación fue el primer regalo deseado de Dios. Los espíritus malignos clamaban en voz alta a medida que eran expulsados. Así como Felipe siguió al Espíritu Santo, he llegado a la misma conclusión, hay muchas personas que están poseídas hoy en día. Si alguien hace liberación

CAPÍTULO NUEVE

corporativa, se puede ocupar tanto en esto que no se piensa en las sanidades sino hasta que las cosas se hayan calmado. Me doy cuenta que alrededor del 50% de las personas que son liberadas son sanadas ahí mismo, los derechos a la enfermedad, han sido perdonados, por lo tanto la aflicción o posesión se va y esto da lugar a la sanidad.

Observe cómo Dios desea captar la atención de la humanidad; las personas escuchan el campo milagroso a través de los sonidos de liberación, también escuchan a las personas declarar su sanidad. La multitud también vio a los espíritus malignos manifestarse y luego vieron la sanidad de los paralíticos y cojos.

Había un hombre llamado Simón, quien previamente había practicado magia en la ciudad asombrando al pueblo de Samaria, pretendiendo ser alguien grande. Todos ellos le prestaban (una gran cantidad) de atención a él, desde el más pequeño hasta el más grande, diciendo, "¡este hombre tiene el gran poder de Dios!" ellos le prestaban atención a él porque durante mucho tiempo los había asombrado y mistificado con su magia. Pero cuando ellos le creyeron a Felipe en la medida en que predicaba las buenas noticias acerca del reino de Dios y el nombre de Jesús Cristo, empezaron a ser bautizados tanto hombres como mujeres. Incluso Simón creyó (el mensaje de salvación de Felipe); y habiéndose bautizado continúo con Felipe, y estaba atónito al ver las señales y los grandes milagros que se hacían. Hechos 8:9-13 (Versión Amplificada)

Cuando una Iglesia o un ministerio están manifestando

Encuentros de Poder con Ángeles Caídos

el derramamiento del Espíritu Santo y hay un tremendo fruto, lo oculto se va a empezar a manifestar o los ángeles caídos van a descender para pelear por las mentes de los hombres. Cuando aparece lo oculto, es para hacer maldiciones o pactos. A lo oculto también le gusta hacerse amigo para dividir la Iglesia o el ministerio, este espíritu debilita la unción y el campo espiritual para la cosecha. Cuando los ángeles caídos bajan, los pensamientos de las personas empiezan a estar bajo ataque, tratando de hacer que las personas rechacen parte o todo de lo que Dios está haciendo.

Lo que sucede a continuación pasa rara vez o es muy inusual, Simón el hechicero se salva y se bautiza en aguas. El creyó en el mensaje de la Salvación y en el Poder del Nombre de Jesús. Lo que es normal y la mayoría no entiende es que Simón no pudo recibir el bautizo del Espíritu Santo porque no pasó por liberación. Encuentro a muchas personas que tienen contrato de brujería en su linaje sanguíneo, incapaces de recibir el bautismo del Espíritu Santo debido a las maldiciones que bloquean la recepción.

Entonces Pedro y Juan les imponían las manos (uno a uno), y recibían el Espíritu Santo. Ahora, cuando Simón vio que el Espíritu se daba por la imposición de manos de los apóstoles elles ofreció dinero, diciendo; "Denme también a mi esa autoridad, para que todo aquel sobre quien ponga mis manos, reciba el Espíritu Santo". Pero Pedro le dijo; "que tu plata sea destruida junto contigo, ¡porque pensaste que podrías comprar el (libre) don de Dios con plata! Tú no tienes parte ni suerte en este asunto porque

CAPÍTULO NUEVE

(el motivo, propósito) de tu corazón no es correcto delante de Dios. Así que, arrepiéntete de esta tu maldad, y ora al Señor, que si te es posible, se te perdone este pensamiento de tu corazón. Porque veo que estás provocado por la amargura y atado al pecado". Pero Simón le respondió; "ustedes oren al Señor por mí, para que nada de lo que ustedes acaban de decir me sobrevenga". Hechos 8: 17-24 (Versión Amplificada)

Simón actuaba como un bebé cristiano y un verdadero miembro de lo oculto a pesar que recibió la salvación al creer en el Evangelio. Simón ofreció dinero para el bautismo del Espíritu Santo. Los miembros de lo oculto, pagan para poder obtener el poder del diablo, los síquicos cobran dinero y las brujas también lo hacen por la realización de la ceremonia y rituales en medio de ella. La Iglesia debe recordar que la unción y el bautismo del Espíritu Santo vienen sin ningún costo. Esto incluye los dones del Espíritu Santo. Los ministros no deberían de cobrar, ni la Iglesia no debería retener el dinero, una manera en las que la Iglesia retiene el dinero es a través de no diezmar, otra manera es el no apoyar un ministerio privado. Veo que esto sucede con frecuencia, las personas van a un ministerio especializado como el de liberación y quieren la liberación gratis, o por muy poco. La codicia en el cuerpo de Cristo, es un enorme problema. Veo ministerios que cobran especialmente por la liberación, esto no debería ser así. Yo entiendo por qué cobran; las personas que vienen para la liberación retiene su dinero, sin entender que el dinero es una transacción contractual o vinculante, Simón el mago entendió el poder del intercambio.

Encuentros de Poder con Ángeles Caídosv

Pedro reprendió a Simón y su oferta de comprar el Espíritu de Dios. Pedro revela algo poderoso al afirmar que el corazón, los motivos y el propósito de Simón estaban equivocados. Pedro le dijo que se arrepintiera de su maldad y que fuera liberado del mal. Simón estaba atado y bajo el control del mal a través de la amargura y el pecado. Tal como dije antes, las maldiciones son vinculantes y viajan de generación en generación hasta que alguien las rompe. Pedro le dio una solución a Simón. Ora al Señor para que si es posible, este pensamiento de tu corazón te sea perdonado.

Como se indicó en el capítulo 1, expulsar a los espíritus malignos debilitó al ángel caído territorial. El espíritu territorial gobernándote junto con los otros ángeles caídos que trabajan para él estaban siendo debilitados en ese territorio al Felipe echar fuera demonios. Los ministerios que operan en liberación y sanidad cambian la lucha de poderes entre la luz y las tinieblas. Cuando la atmosfera se transforma al echar fuera los espíritus malignos, otros dones del ministerio como el profético y la sanación, se vuelven más poderosos. Cuando las personas reciben el bautismo del Espíritu Santo, las atmosferas están cambiando, la oración es un arma con la que Dios ha equipado a la Iglesia, podemos concluir que una de dos cosas sucede cuando los ministro s de poder expulsan a los demonios, los ángeles caídos descienden o lo oculto envían a uno de sus miembros.

Entendemos que cuando el evangelio no se está predicando como fue diseñado; es porque el dios (ángeles caídos) de esta Era ha cegado las mentes de aquellos que no creen. El Evangelio es la Gloria de Cristo que es la imagen

CAPÍTULO NUEVE

de Dios. Cuando la humanidad entiende que necesita un Salvador, convicto por la palabra predicada se salva y la luz de Dios brilla sobre él.

Sabemos por las Escrituras que el reino de las tinieblas es altamente organizado y bien estructurado para mantener a la humanidad cautiva. Los ángeles caídos que operan como oficiales y los demonios que funcionan como soldados no están en caos sino bajo ataque cuando la ministración de poder se realiza. A través de lo que algunos llaman la guerra estratégica a nivel del suelo, no es otra cosa que expulsar a los espíritus malignos, se inició la batalla por las almas humanas. Algunos escritores incluso sugieren que la actividad a nivel del suelo puede tener más éxito si atan al hombre fuerte, cuando los escritores dicen cosas como estas, me doy cuenta que ellos nunca se han enfrentado cara a cara con un ángel caído. ¿Cómo puedo saber esto? Cuando las personas se arrepienten, se salvan, rompen maldiciones para que los demonios salgan, para que se sanen, reciban al Espíritu Santo, esto es atar al hombre fuerte. El ángel caído sobre ese territorio que está siendo atado para no seguir obrando mientras el Espíritu Santo está ejerciendo autoridad y dominio a través del derramamiento. La Iglesia en su mayor parte no ve esta revelación, pero en la medida que se echen fuera los demonios, llegará el momento en que los ángeles caídos bajen para defender su territorio. Estos son los hechos, y tengo más de mil encuentros en el segundo cielo para sustentar mi hipótesis.

Un autor en particular escribe que los demonios no están aquí para hacer pecar a la humanidad, también dice que el

Encuentros de Poder con Ángeles Caídos

mal tiene cosas más siniestras que hacer que poseer y coger como títeres a las personas. ¡No lo creas! El reino de las tinieblas es pecado y los espíritus malignos influencian a la humanidad para que pequen, pero nosotros elegimos. A pesar que los ángeles caídos tienen tronos, dominios, principados y potestades, su jurisdicción territorial, los demonios también tienen niveles terrestres. ¿Qué hace que los espíritus malignos sean malos? El nivel o rango de los espíritus malignos y su maldad tiene una influencia directa por parte de quien lo engendro y que tanto pueden lograr a través del pecado. Los demonios pueden subir la escalera para hablar, ya que cumplen sus tareas influenciando en el pecado; podemos decir, que ellos reciben promoción por parte de los ángeles caídos dentro de esa región. Al igual que la altura está determinada por la genética y la dieta, también se aplica cuando una persona ha sido tomada por medio de la posesión demoniaca. Los demonios dentro del huésped pelean por el control de él, por lo que suben la escalera interior. Esta también es una hipótesis verdadera probada a partir de miles exorcismos.

Bendiga al Señor ustedes Sus ángeles, poderosos en fortalezas, que ejecutan Su mandato, obedeciendo la voz de Su palabra. Bendigan al Señor, ustedes todos sus ejércitos que le sirven haciendo su voluntad. Bendigan al Señor, ustedes todas sus obras, en todos los lugares de su dominio. Bendice alma mía, al Señor. Salmo 103:20-22 (NVLH)

Esta escritura tiene un efecto poderos y sobrenatural, vemos que todos los ángeles de Dios deben bendecirlo, esas diferentes clases de ángeles según el rango y el número den-

CAPÍTULO NUEVE

tro de las cuatro dimensiones y el consejo divino de Dios. Los ángeles de Dios son para alabarle y hablar palabras de excelencia sobre Él. Cuando yo inicio mis reuniones con "ven Espíritu Santo" y cuando alabo a Dios, hablo sobre sus maravillas, la presencia del Dios vivo desciende sobre la congregación de maneras poderosas. Mi punto aquí es que El habla de los ángeles como un colectivo. Luego, las Escrituras comunican que estos ángeles deben cumplir sus mandamientos (Palabra de Dios) y obedecer la voz de Dios. En liberación de ángeles caídos del segundo cielo, Dios me da las Escrituras, y cuando leo la palabra de Dios en forma de oración exactamente como está escrita, los ángeles caídos pierden derecho. Dios también proporciona sus ángeles en el segundo cielo para que intervengan en la sesión de liberación, y ellos actúan la Palabra de Dios mientras la Iglesia ora. Dios usa a sus ángeles en las sesiones de liberación hará cumplir su voluntad, lo que es una pequeña sombra de lo que vendrá. En la medida en que nos acerquemos al final del tiempo, la iglesia deberá esta mas involucrada en la guerra espiritual del segundo cielo y causar que Miguel y los ángeles de Dios luchen por el segundo cielo colectivamente, como se describen Apocalipsis 12:7-8. Recuerden lo que Pablo escribió en Efesios 3:10 que a través de la Iglesia, la múltiple sabiduría de Dios debe darse a conocer a los gobernantes y autoridades en los campos celestiales. Hoy, Dios está listo para que tanto el cielo como la tierra se unan en sus obras en todos los lugares de dominio. Pablo escribe sobre esto en Efesios 1:11, que en Cristo, Dios nos ha dado a conocer el misterio (los secretos revelados en el momento adecuado) de su voluntad. En el cumplimiento de los tiempos, el fin de la historia, Dios en Cristo, en el clímax de esta

Encuentros de Poder con Ángeles Caídos

Era maligna, uniendo todas las cosas en Cristo, tanto las cosas de los cielos, como las de la tierra. Puedes preguntar, ¿Cuál es un ejemplo de las escrituras que tú oras? En Colosenses 2:3-5 la Biblia Amplificada dice:

Cuando ustedes estaban muertos en sus pecados y en la incircuncisión de su carne (mundanalidad, formas de vida), Dios te dio vida juntamente con Cristo, habiéndonos perdonado (libremente) todos nuestros pecados, habiendo cancelado el certificado de deuda consistente en demanda legales (que estaban vigentes) contra nosotros y que nos eran hostiles. Y este certificado lo han dejado de lado y ha sido eliminado completamente clavándolo en la cruz. Cuando Él ya ha desarmado los gobernadores y las autoridades (las fuerzas sobrenaturales del mal que operaban en nuestra contra) Él hizo un ejemplo público de ellos (exhibiéndolos como cautivos en su procesión triunfal), triunfando sobre ellos, por medio de la cruz.

Aquí hay otra clave y regla poderosa en la batalla contra los ángeles caídos en el segundo cielo. Nuevamente, cuando menciono el segundo cielo estoy hablando de las cuatro bendiciones. Los caídos acusan a la humanidad, tanto a los salvos como a los no salvos, debido a nuestra condición en la carne. El estilo de vida mundano que exhibe ciertos comportamientos y pensamientos. Infortunadamente, la humanidad muestra deseos impíos del corazón lo cual les da lugar a los ángeles caídos para que los acuse. Los caídos usan documentos (rollos, así como ellos lo llaman) o certificados de deuda, otros objetos como el pecado intencional, o el pecado voluntario, y presentan estos puntos en el

CAPÍTULO NUEVE

tribunal de Dios.

Colosenses 2 es lo que Cristo Jesús ha hecho por nosotros de manera posicional, pero hay otro lado, la condición pecaminosa que está siendo santificada, esto es tan claro como la luz del día. La humanidad tiene dos naturalezas, la naturaleza de Cristo para aquellos que naces de nuevo, y la naturaleza de la carne o principio satánico. Aquí la instrucción bíblica es cancelar todos los pecados y las transgresiones cometidas en la carne. Así que se debe tener muchos cuidado para no confundir su posición en Cristo por medio del perdón de pecados y su condición en la carne debido al pecado. No soy ingenuo ni obtuso de las doctrinas de justificación, santificación y glorificación. Cuando Dios Padre envía a los ángeles caídos y a su tribu o consejo, yo oro para que presenten su certificado de deuda en el tribunal de Dios. A medida en que el ángel caído empieza a hablar por su tribu el certificado de los pecados, los acuerdos contractuales con ellos, vinculando a la persona, yo reprendo y contrarresto a través de la palabra de Dios, declarando lo que Jesús hizo por nosotros en la cruz, me pongo de acuerdo con el hecho de que Dios nos hizo eternamente vivos junto con Cristo Jesús y nos ha perdonado de todos nuestros pecados. Yo argumento en oración con lo que escrito está a través de Cristo Jesús. Que Dios ha cancelado todos los certificados de deuda o demandas legales vigentes y hostiles contra nosotros en la naturaleza carnal.

Las escrituras le ordenan a la Iglesia que continúe este proceso hasta que todas las demandas legales de deuda, sean clavadas en la cruz. Aquí es cuando Dios desarma a los gobernadores malignos celestiales llamados ángeles caídos, una vez que todos los pecados han sido juzgados por Dios en Cristo Jesús, entonces oro por las cadenas eternas de las tinieblas, esa oscuridad, completa oscuridad que está para encadenarnos. Es una cosa sorprendente ver a los ángeles caídos gritar al darse cuenta que Dios los está enviando a tártaros. Encontramos en Judas versículo 6, que a los ángeles caídos que reciben juicio en esta Era maligna, Dios no los liberará después del milenio. Ellos están encadenados a los pozos de penumbra, encarcelados allí para su juicio tal como dice 2 Pedro 2:4. El problema que la mayoría de los eruditos tiene con esta escritura es que ellos no operan en lo sobrenatural. Los estudiosos dicen que Dios encadenó a los ángeles caídos más malvados. 2 Pedro es un pronunciamiento dado por Dios para que la Iglesia lo cumpla, si Dios arrojará a los ángeles que pecaron al infierno, como se lee en las escrituras, entonces Satanás estaría también.

Efesios 6:12 está hablando de los ángeles caídos. Pablo está diciendo que estos ángeles caídos del segundo cielo son comandantes, capitanes, los generales y potestades de las tinieblas. Si los caídos estuvieran todos encadenados, Pablo se ha equivocado, habría expresado las escrituras incorrectamente. A lo que Pablo realmente está conduciendo en Efesios 6, los ángeles caídos influyen en la cultura pagana y pecaminosa, Pablo está diciendo que la Iglesia debe predicar el evangelio, sabiendo que los ángeles caídos dentro de los territorios provocarán las mentes y corazones de los incrédulos para resistir y expulsar los ministerios. No estaría sirviéndote bien sino mencionara Efesios 2:1-3

CAPÍTULO NUEVE

Y tú estabas muerto en transgresiones y pecado, en las cuales anduvieron en otro tiempo según el curso de este mundo, conforme al príncipe de la potestad del aire, con el espíritu que ahora opera en los hijos de desobediencia. En medio de ellos, en otro tiempo, todos también vivíamos en las lujurias de nuestra carne, incluyendo los deseos de la carne y de la mente, y éramos por naturaleza hijos de la ira al igual que el resto. Efesios 2:1-3 (NASB).

Aquí en Efesios Pablo está diciendo que estábamos muertos en delitos y pecados. La definición de "estábamos" es poseer ciertas características, ya sean inherentes o existentes en algo como permanentes. La definición también significa que fue algo transitorio o no permanente. ¿De qué está hablando Pablo? Él está hablando sobre el pecado y los delitos perdonados por medio de la justificación, santificación y glorificación. Pablo está identificando las dos naturalezas de la humanidad en esta Era maligna, Pablo está diciendo que hay una naturaleza llamada principio satánico inherente en la humanidad durante esta Era maligna. Así como lo escribí en el volumen uno de "Explorando los Secretos de los Campos Celestiales", el descubrir esto no me agradó. En uno de mis encuentros de poder con satanás, él reclamó posesión sobre toda la humanidad salva y no salva. Entiendo que los caídos son mentirosos, el padre de las mentiras. Yo pude sentir por el Espíritu Santo que había algo que Él quería que yo investigara, cuando me dirigí a las Escrituras, descubrí que Pablo escribe aquí que por medio de la naturaleza pecaminosa los ángeles caídos tienen acceso, esto significa, algo permanente. Mi esperanza vino de Efesios

Encuentros de Poder con Ángeles Caídosv

4:22-24 donde las escrituras me ordenan que haga a un lado la naturaleza pecaminosa por medio de multiplicar la carne. Para poder así ponerme mi nueva naturaleza que fue creada en Cristo Jesús. Esto significa que la Iglesia puede cerrar las puertas a los ángeles caídos y hacer que el pecado sea transitorio y no permanente si así lo desea.

Cuando Pablo usa la palabra "curso", infiere en sus palabras que está hablando de un trono, un señorío que gobierna en poder por medio de la maldad. Pablo está hablando de un trono de arcángel (satanás) que tiene un poder sobrenatural para controlar el destino y las actividades de los seres humanos por medio de esta Era maligna. Sabemos que Satanás puede estar en cualquier parte, así que cuando se dice aquí Satanás, es una metáfora para todos los arcángeles que tienen tronos alrededor del mundo, e influencian las mentes de la humanidad para dominar los tiempos y destinos de las naciones.

Pablo revela tanto los campos celestiales como terrestres en el versículo 3, él dice que toda la humanidad se entregó a la carne, esta es una referencia a los campos terrestres, donde la actividad demoniaca se lleva a cabo en muchos niveles. Pablo también habla sobre la indulgencia o la satisfacción de lamente, aquí se refiere a los campos celestiales o al segundo cielo. En 2 Corintios 4:4 Pablo dice que el dios de esta Era, los caídos, han segado las mentes de los incrédulos. Cómo se dijo anteriormente en este libro, Pablo está hablando de los que no son salvos, aun así la incredulidad es la función de todos los ángeles caídos. Como mencioné antes, por medio de la naturaleza pecaminosa que afecta

CAPÍTULO NUEVE

la mente y el cuerpo, los caídos tienen acceso o entradas a lugares con la humanidad.

POR QUÉ LOS CAÍDOS DEBEN BAJAR/DESCENDER

La zarza ardiente registrada en Éxodo 3:1-14 es un ejemplo perfecto de Dios y de un ángel descendiendo en la manifestación de una zarza ardiente. La palabra hebrea "ángel" en el versículo 2 significa mensajero y raíz que significa enviar un representante. Así que podemos concluir que nuestro texto se refiere al Dios invisible y de alguna manera, a un ángel visible. ¿Qué hizo que la tierra sea Santa? La presencia invisible de Dios. ¿Qué le causó temor a Moisés? Dios envío a un ángel o mensajero para hacer esta tarea. Este representante era un ángel cuyo superior inmediato estaba presente en una forma invisible. De la definición puedo concluir que el ángel era de las legislaturas más altas, que comprende el gobierno soberano de Dios. De mis pasados encuentros sobrenaturales puedo suponer que este era un ángel de los principales campos. Algunos se preguntarán; si Dios está hablando, ¿Por qué un ángel debería estar allí? La respuesta es simple para la persona sobrenatural. Solamente los teólogos hacen de este tema algo completo. El ángel estaba ahí para escuchar la palabra del Señor y ayudar a Moisés en los campos celestiales, contra los dioses de Egipto. En la guerra sobrenatural, ángeles mensajeros; también están allí en funciones de vigilancia; ellos asisten en la guerra.

Cuando empecé a hacer liberación contra los ángeles caídos, el Dios Padre asignó a tres ángeles del segundo cielo para que guardaran mi vida. Estos ángeles actúan como escudos para que ninguna de las clases de ángeles caídos pueda tocar mi vida.

> *El Dios en cuya presencia anduvieron mis padres Abraham e Isaac, El Dios que me mantiene desde que yo soy hasta este día, el ángel que me liberta de todo mal, bendiga a estos jóvenes; y sea perpetuado en ellos mi nombre, y el nombre de mis padres Abraham e Isaac, y multiplíquese en gran manera en medio de la tierra. Génesis 48:15-16 (RVR1960)*

En el relato de José el usa la misma palabra hebrea que en el pasaje del Moisés. Dios envío un ángel para luchar contra todos los ángeles caídos malignos o territoriales, que querían interponerse en las promesas de Dios. En estos pasajes el ángel descendió por orden de Dios. El ángel estaba ahí para llevar a cabo las bendiciones de Dios.

> *He aquí yo envío mi Ángel delante de ti para que te guarde en el camino, y te introduzca en el lugar que yo he preparado. Guárdate delante de él, y oye su voz; no le seas rebelde; porque él no perdonará vuestra rebelión, porque mi nombre está en él. Pero si en verdad oyeres su voz e hicieres todo lo que yo te dijere, seré enemigo de tus enemigos, y afligiré a los que te afligieren. Porque mi Ángel irá delante de ti, y te llevará a la tierra del amorreo, del heteo, del ferezeo, del cananeo, del heveo y del jebuseo, a los cuales yo*

CAPÍTULO NUEVE

haré destruir. Éxodo 23:20-23 (RVR1960)

Dios había ordenado al ángel que fuera como su representante para guardar a Moisés en su viaje. Cuando Dios asigna ángeles, el asigna a todos los que trabajan para ellos también. He estado en liberaciones del segundo cielo con personas que viven en un pecado abierto, y he sido advertido que debo sacarlos de la sesión. Como vemos en las escrituras el pecado no puede estar en medio de ellos, porque el nombre de Dios estaba en ellos. Esto me lleva a un punto muy importante, hay ángeles, tanto justos como malvados que llevan el nombre de Jesús. Señalé esto en el primer volumen de "Explorando los Secretos de los Campos Celestiales". Los ángeles caídos de alto nivel toman los nombres de Jesús y títulos o palabras de exaltación en la escritura. Los teólogos cometen el error de afirmar que este es Yahvé o Dios. Ellos usan las escrituras, diciendo mi nombre está en él o él no perdonará tus transgresiones, por ejemplo la Biblia llama a Satanás un ángel de luz o que se transforma a sí mismo en un ángel de luz. La Biblia también llama a Jesús la luz del mundo.

Antes de avanzar al siguiente capítulo y a los espíritus territoriales permítame dar un ejemplo que ilumine esta situación, elijamos un nombre con el que la mayoría de los creyentes están familiarizados en el segundo cielo, un ángel caído que es un principado ¿Cuál es la definición de principado? Los principados son "los primeros, prominentes, líderes", esto significa que son los principales jefes en orden, tiempo, lugar o rango; los antiguos, autor, capitán, príncipe. No puedo adentrarme mucho en esto, pero mire

Encuentros de Poder con Ángeles Caídosv

muy de cerca en el momento cuando Dios los creó, antes que Adán. Esta definición no solamente es verdadera, sino que por medio de innumerables encuentros de poder por medio de la guerra espiritual, ellos han confirmado esta definición. Observen algo más, sus clasificaciones como capitán o príncipes. Daniel incluso los llama reyes, pero cuando observamos las definiciones de demonios, la Biblia los define como seres sobrenaturales malignos o espíritus malignos quienes son agentes del mal para dañar, traer angustia y ruina, no hay definición de gobierno, nada concierne a su orden de creación ni sobre sus títulos.

> *Colosenses 1:16 Porque en Él fueron creadas todas las cosas que hay en los cielos y las que hay en la tierra, visibles e invisibles; sean tronos, dominios, sean principados, sean potestades; todo fue creado por medio de Él y para Él. (RVR 1960)*

En cada uno de estos niveles de poder, hay diferentes gobernadores y subgobernadores, alrededor del mundo, en cada uno de estos niveles de los caídos, estas esferas de jurisdicción en el segundo cielo, cada uno de estos gobernadores o majestades caídas angelicales tienen un orden creativo. En realidad, ¡es un número que utilizan como clasificación! Esto determina dónde Satanás y su consejo gobernante los han asignado. Hasta donde hoy se, hay nueve clases diferentes de ángeles caídos en cada uno de los cuatro niveles de tronos, dominios, principados, y poderes. Aquí hay un contraste de nombres de trece traducciones diferentes de la Biblia, de como llaman a los ángeles caídos: los gloriosos, los seres gloriosos, los seres o majestades an-

CAPÍTULO NUEVE

gelicales, los seres celestiales, los dignatarios (los gloriosos), los seres sobrenaturales o aquellos en posiciones elevadas. Recuerda, dije que Pablo llama al diablo un ángel de luz.

Pablo nos dirige a la interacción del cielo y la tierra, lo que afecta los cielos también sucede en la tierra. Los ángeles caídos por medio del pecado voluntario de la humanidad pueden ir y venir de los campos celestiales a los campos terrestres.

Capítulo Diez
Los Ángeles Caídos Territoriales

Al comenzar nuestro tema sobre los espíritus territoriales o los ángeles caídos con autoridad geográfica, debemos regresar al comienzo o como yo lo llamo la escritura de fundamento que abre el campo espiritual.

Efesios 6:12: "Nuestro combate de lucha no es contra carne y sangre, personas con cuerpos, sino contra gobernadores, en contra de autoridades, en contra de los dominadores de este mundo de tinieblas, en contra de toda huestes o fuerzas espirituales de maldad en los lugares celestiales."

Pablo le está diciendo a la Iglesia que para tener éxito regional o nacional, la Iglesia tendrá que comprometerse a participar en un combate cuerpo a cuerpo. La pregunta es, ¿Cómo hace esto la Iglesia? Aprendemos que nuestras armas para la guerra espiritual son armas espirituales. Esto puede sonar como principios descritos anteriormente en este libro, pero déjame ir más profundo.

La Oración como un Arma

Pablo le dice a la Iglesia de Éfeso que la oración es el componente central para derrotar a los ángeles caídos territoriales. Sin oración, no puede haber un combate cuerpo a cuerpo. La mayoría de la Iglesia debe estar involucrada, no solo unos cuantos que asisten regularmente a las reuniones de oración programadas. Los ángeles caídos territoriales tienen cuatro dimensiones sobre cada ciudad, y muchos subniveles en varias áreas de la ciudad. Estas fuerzas espirituales de maldad buscan dominar las mentes de la humanidad para que así la ciudad no cumpla su destino y propósito previsto por Dios.

Debido a esto, las reuniones de oración deben alcanzar niveles de madurez donde la intercesión con gemidos indecibles tome lugar. Los intercesores que tienen el don de impartir la intercesión deben estar presentes. Estos intercesores pueden orar por largos periodos de tiempo y tener hambre para pasar largas horas en la oración diaria por si solos. Aquellos que asisten a estas reuniones de oración deben entender que es la presencia de Dios, la que debe aparecer y el amor por esa presencia es un deber. Esperando en la presencia de Dios, sumergiéndose en Su presencia hasta que el grupo central o los líderes sientan que es el momen-

CAPÍTULO DIEZ

to de orar. Algunos gemirán al principio, otros orarán en lenguas.

El grupo de intercesión debe sentir la carga del Espíritu Santo por la ciudad y orar a través de esta. Orar a través de, es orar hasta que las cargas se levanten y en muchos casos el santo gozo o risa irrumpen en el lugar o en la habitación de oración. Estos intercesores se paran en la brecha, al lado de Jesús, mientras la guerra espiritual está sucediendo. Ellos sienten la protección del Espíritu Santo mientras Él se mueve a través de ellos y lo siguen a la batalla.

ÁNGELES CAÍDOS TERRITORIALES

El trabajo de los ángeles caídos es tergiversar y distorsionar a través de mentalidades pervertidas, llamando a lo bueno malo y a lo malo bueno. Entendemos que Dios permite que Satanás y los ángeles existan y operen en esta Era caída. También debemos entender que Dios tiene dominio sobre toda Su creación. Dios también se reserva el derecho de juzgar a los ángeles caídos en los campos celestiales. Quiero decirlo de esta manera, Dios es quien decide cuándo juzgar a los ángeles caídos sobre las ciudades. Sin embargo, en el campo terrestre, Dios le ha dado a la humanidad el derecho y la autoridad para ejercer dominio sobre los espíritus demoniacos, así como lo dicho en otras veces y he reiterado a través de esta serie, si la iglesia no es involucra en una guerra espiritual, es decir, expulsando a los demonios, no habrá juicios de los ángeles caídos dentro de ese territorio.

Nuevamente, las fuerzas espirales de maldad buscan

LOS ÁNGELES CAÍDOS TERRITORIALES

dominar las mentes de la humanidad, para que la ciudad y las personas no cumplan el propósito que Dios ha previsto para ellas.

Ahora veamos un principado al cual me enfrenté mientras liberaba a un creyente de su gobierno. Aquí hay una imagen del dominio de un ángel caído territorial con ángeles caídos sub-gobernantes quienes han compartido el gobierno, cada uno responsable de su propio territorio. La definición bíblica llama a esto una región, la Biblia define una región como el espacio que se encuentra entre dos límites o una extensión de tierra a otra; la región (rural) que rodea una ciudad o pueblo, hay un principado o ángel caído sobre esa ciudad y su jurisdicción se muestra en el círculo exterior. Este principado caído tiene principados sub-gobernantes visibles por medio de largar líneas rectas. Las líneas cortas muestran los campos inferiores de las tinieblas llamados poderes/potestades.

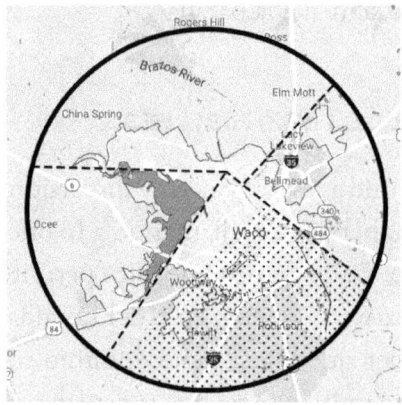

La Biblia define a las tinieblas como la esfera dominada por el mal, el pecado y la ignorancia de Dios y Sus caminos; descrito como la ausencia de luz. Ahora estoy a punto de revelar algo muy poderoso, una esfera es una figura redonda y sólida, cada punto de su superficie es equidistante de centro. Esto significa que hay un principado caído en el

CAPÍTULO DIEZ

centro de esta esfera. Yo diría que por el estado de la tierra, la fortaleza de la Logia está en Waco Texas, la sede o regencia de este principado caído. El programa de software "mi Biblia logos" dice; cada esfera tiene una serie de capas esféricas concéntricamente rotando de manera organizada; en las cuales se pensaba anteriormente que los cuerpos celestes estaban colocados en una relación fija.

Estos principados caídos tienen pactos legales con la tierra, agua y con las personas que voluntariamente pecan dentro de su territorio. El principado gobernante caído llama a los ángeles caídos sub gobernantes, su tribu o clan. Juntos gobiernan esa esfera de autoridad, influenciando para que las tinieblas sigan al control de ese campo y los sub campos. Una de sus mayores armas es la demonización. En la imagen puedes ver los campos malignos controlados por diferentes niveles de ángeles caídos. Pablo nos dice en Romanos 13:12 (AMP), "la noche (ésta presente Era maligna) está muy avanzada, y el día (del regreso de Cristo) está cerca. Así que, desechemos las obras de las tinieblas y pongámonos (toda) la armadura de luz". Dios enviará a alguien que tenga el entrenamiento para liberar regiones, pero la mayoría de los líderes nunca han enfrentado a un principado y mucho menos están equipados para manejar ese tipo de guerra espiritual, por ejemplo, cuando Dios me envío a Waco, muchas personas que atendieron al Centro Cristiano eran sensibles al Espíritu Santo, aun así tuve que echar fuera demonios de todos ellos. ¡Esto no debería ser así! Mi punto es que los ministerios de poder conocidos como ministerios de sanidades, realmente no lidian con los demonios y ángeles caídos.

LOS ÁNGELES CAÍDOS TERRITORIALES

Sabemos por Judas versículo 6 que una esfera de autoridad de ángeles caídos están en los entornos donde grupos de personas se establecen y viven, así pues los caídos ejercen una influencia de control, pero es la humanidad la que elige establecer las condiciones a su alrededor.

En la fundación de Waco Texas, desde el principio, un ángel caído gobernante (un trono) asignó sobre Texas un principado. Esto significa desde la esquina o punto de inicio de Waco, un gobernante antiguo o ángel caído buscó y obtuvo el derecho legal. El trabajo del principado caído era establecer instituciones dentro de su esfera para que los principados sub-gobernantes se pudieran mover en ella.

Desde allí, el reino de las tinieblas trató de establecer el negocio del pecado para que así potestades angelicales caídas del segundo cielo tuvieran derechos legales sobre la tierra. La imagen en la parte superior descubre un principado gobernante con sub-gobernantes, pero las líneas cortas revelan la clase más baja de ángeles caídos llamadas potestades.

Los poderes angelicales caídos controlan hasta los códigos postales en Waco. A los ángeles caídos que llevan el nombre de poder de potestades, se les asignan negocios pecaminosos y establecimientos de pecado para que puedan construir su ejército demoniaco. Esto establece su gobierno dentro de esa jurisdicción o código postal. Entonces, debemos preguntarnos ¿Dónde están los barrios con más problemas? Recordemos que los ángeles caídos son líderes militares, tiene tropas demoniacas asignadas de acuerdo

CAPÍTULO DIEZ

a su número angelical. Sí, todos los ángeles caídos tienen clases y números. Ya que la humanidad transgredió, los principados asignaron demonios para fortalecer los derechos regionales de los ángeles caídos sobre la tierra. Los principados, a los que también podemos llamar capitanes, sobre las ciudades tienen muchas potestades a las cuales podemos llamar tenientes y así establecen fortalezas sobre fortalezas. Cada potestad de ángel caído a quien también podemos llamar tenientes son una fortaleza, al igual que en una estructura militar, el capitán tiene muchos tenientes trabajando bajo sus órdenes.

Podemos ver a las potestades de ángeles caídos obrar en negocios, educación, grupos sociales, Iglesias, bancos, gobiernos de ciudades, clubes de estriptis, ventas de alcohol, drogas, todo de acuerdo con la voluntad de los principados territoriales sobre Waco. Uso a Waco como ejemplo porque aquí fue donde todo comenzó para mí. Puedes decir Iglesias, sí, Iglesias, han hechizado a cualquier Iglesia que no esté cumpliendo la orden de Jesús; han caído sobre el hechizo de los ángeles caídos gobernantes dentro de esa región. Debemos prestar atención a lo que el apóstol Pablo está hablando en Romanos 13:12. Jesús le ha pedido a la Iglesia que predique, salve, discipule, sane y libere, ¿su Iglesia está manifestando estas señales de manera constante? Si no es así, su Iglesia ha estado bajo el hechizo y la voluntad del principado caído de esa Región. No tienes por qué estar de acuerdo pero por eso no deja de ser cierto.

Cuando el Altísimo dio a las naciones su herencia, cuando Él dividió a la humanidad, Él

LOS ÁNGELES CAÍDOS TERRITORIALES

fijo los límites de los pueblos, según el número de los hijos de Dios. Deuteronomio 32:8 (ESV)

Veamos esta imagen a mayor escala en Dallas/Fort Worth donde vivo. Hay aproximadamente 2.6 millones de personas que viven en el condado de Dallas y un millón más que viven en Fort Worth. Arlington Texas está entre Dallas y FT.Worth, la población es de unos 400 mil. Hay un trono gobernante sobre cada ciudad mencionada, pero dado a que Dallas tiene una población más alta, el ángel caído gobernante está en el territorio, pero no en la región. Hay muchos tronos bajo sus órdenes llamados el consejo de los ángeles caídos. Cada uno de estos tronos, quienes la Biblia los llama los gloriosos, tienen dominios bajo ellos a quienes la Biblia llama majestades o dignatarios. Lo he dicho antes, cada ángel caído tiene un número acorde a su orden de creación. Así como en Waco, hay principados que gobiernan bajo los dominios y los tronos, pero la imagen arriba, fue mostrada primero para revelar el área más pequeña. ¿Estas confundido ya? Yo lo estaba la primera vez que me los encontré. Hay un trono gobernante sobre la región de Dallas/Ft.Worth, con tronos sub-gobernantes en cada ciudad. Cuando miramos al mapa del es-

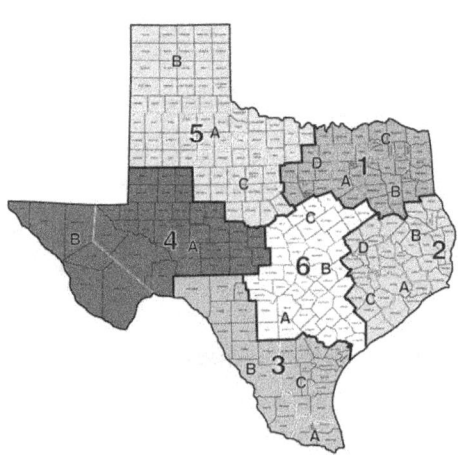

CAPÍTULO DIEZ

tado, vemos seis regiones y un solo estado. Sabemos que cada ángel caído tiene una esfera, así que esta esfera se superpone, y eso es acorde a la definición dada en la parte de arriba. Recuerda cuando cité el software de la Biblia Logos con la definición en esferas concéntricas. La palabra concéntrico tiene que ver con círculos, arcos u otras formas que comparten el mismo centro, arcos o formas, donde a menudo el más grande rodea al más pequeño. Dentro de los territorios tienen cuerpos celestes o ángeles caídos y las

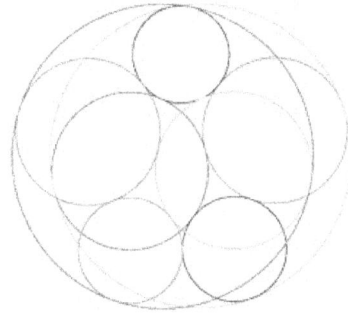

personas en la tierra están en una relación con ellos por medio del pecado. Muchos círculos figuras pequeñas dentro de círculos o figuras medianas, y muchas medianas dentro de círculos y formas más grandes. Esta imagen muestra lo que es difícil explicar. Hay un trono gobernante sobre Texas y acorde a la población de los hombres muchos tronos sub-gobernantes dentro de esta esfera. La Biblia traduce a todos los ángeles caídos como los gloriosos, seres gloriosos, seres angelicales, majestades, seres celestes, dignatarios en altas posiciones. En la imagen, vemos esferas superpuestas, yo las llamo grupos o tribus, cada uno entretejido para que no sea identificado y juzgado. Cada uno de estos ángeles caídos tiene números según su clasificación y rango. Cuanto más grande es su clase y rango.

Podemos ver una organización altamente estructurada de niveles (esferas sobre esferas que se superponen e interceptan) y cada esfera tiene grados o clasificaciones según el

LOS ÁNGELES CAÍDOS TERRITORIALES

número dentro de una jerarquía en cada esfera.

Este es un reino bien organizado en cuatro dimensiones diferentes, todas dispuestas en capas dentro del segundo cielo. Estos grupos de ángeles caídos manejan diferente áreas de autoridad en el segundo cielo y gobiernan en la tierra por medio de la mente de la humanidad. La fuerza y el poder de cada esfera es la manifestación visible del pecado que controla el poder para gobernar la mente y el comportamiento de la humanidad. Ya que los ángeles caídos son los principales, los prominentes o lideres según la definición bíblica que describe su función desde el principio como un experto o maestro de la construcción. El apóstol Pablo dice en Efesios 6:10-11

En conclusión, fortalézcanse en el Señor (obtengan su fortaleza en Él y sean empoderados por medio de la unión con Él) y en el poder (ilimitado) de su fuerza. Revístanse con toda la armadura de Dios (pues Sus preceptos son como armadura esplendida de un soldado fuertemente armado), de modo que puedas enfrentarte "exitosamente" contra todo esquema, estrategias y engaños del diablo.

Debemos ser fuertes y extraer nuestra fuerza de Cristo Jesús que nos fortalece. Esto es hablar acerca de ser capaz de servir por medio de acciones como lo hizo Jesús. Debemos actuar a través del poder del Espíritu Santo para controlar y traer dominios a través del Reino visible de Dios mostrando el gobierno desde la Iglesia. Cualquier ejército puede derrotar a su enemigo, siempre y cuando esté equipado y bien entrenado. Solamente las Iglesias y los líderes bien en-

CAPÍTULO DIEZ

trenados pueden tener victoria sobre los ángeles caídos, ya que lidian con cada campo de acuerdo a las reglas. Si hay un ángel caído geográfico, entonces las personas dentro del estado, región o ciudad deben arrepentirse y estar de acuerdo. Esto comienza cuando las Iglesias se unen para ver salva a la humanidad. Los grupos de oración deben comenzar a orar dentro de la región y de acuerdo con las reglas. Si no, nos abriremos a una avalancha de poder destructivo de los ángeles caídos gobernantes dentro de ese territorio, no respetar quienes son en la creación, el poder y la autoridad que Dios les dio antes de caer, es un gran error.

Evadiendo los Problemas del Segundo Cielo

Podemos aprender y tomar buenas decisiones por lo que las personas escriben y hablan del segundo cielo. Por ejemplo, aquellos que hablan de principados demoniacos revelan su falta de conocimiento sobre los ángeles caídos. Debemos evitar rápidamente, o ser cautelosos en lo que estamos diciendo para no crear potenciales problemas espirituales. Me gusta advertir a los creyentes porque incluso Satanás usó la autoridad dada por Dios incorrectamente y pecó. Esto lo condujo a su juicio y su caída. Operar erróneamente es ante los ojos de los ángeles caídos desobediencia a la palabra de Dios y rebelión. Debemos mantenernos alejados de los falsos maestros que creen que podemos ligar a los ángeles caídos sobre familiar, grupos de personas, Iglesias, Regiones geográficas, estados y naciones.

Cuando las personas tienen puntos de vista personales, los problemas están esperando a suceder. La idea sin en-

LOS ÁNGELES CAÍDOS TERRITORIALES

cuentros de poder tienen su origen en la presunción, su revelación personal es solo una imaginación vana y ofrece falsas esperanzas a no ser que el poder de Dios descienda, el ángel caído territorial, habla por medio de alguien que Dios haya escogido, todos caen de su poder maligno y los ángeles territoriales renuncian al grupo de personas y todos son hechos libres.

Algunos no pueden comprender que los ángeles caídos ven a la humanidad como una sola, los grupos étnicos y los grupos geográficos en su totalidad, todo depende de a qué ángel caído se está juzgando. Al tratar con familias, los ángeles caídos los ven como uno solo. Los demonios tienen como objetivo a los individuos. Por lo tanto el apóstol Pablo le escribe a la Iglesia de Corinto, no debería haber divisiones entre ustedes. Esto significa que cada Iglesia debe ser de una sola mente y un solo cuerpo, actuando como el Señor Jesús Cristo.

Al soldado inexperto, los caídos le darán pequeñas victorias para desviarlos y causar daño. Esto podría ser, retaliación financiera, en la salud, descendencia o cosas similares. Lo que estoy diciendo es que el soldado no entrenado se mete en su propia imaginación y esto es vanidad.

No seamos obtusos en nuestro pensamiento, porque si no tenemos un gran entendimiento y poder sobre los negocios, que nos hace pensar que sus padres nos van a obedecer, estoy hablando de los ángeles caídos. Nunca he tratado de confrontar o llamar a un ángel caído, pero si le he pedido a Dios que si hay un ángel caído que le gustaría

CAPÍTULO DIEZ

juzgar que lo haga. Me cuesta trabajo pensar que alguien pueda tener la audacia de atar u ordenar a un ángel caído en el nombre de Jesús. Aquel que hace las cosas de esta manera muestra su poco conocimiento y poder acerca del tema, también le dan entrada a los caídos a su línea familiar, lo que luego va a requerir de arrepentimiento. Calumniar a las majestades angelicales tiene consecuencia y es necesario el arrepentimiento.

Aquí hay otra información vana que se ha arraigado en el cuerpo de Cristo, que uno puede ir al tribunal del cielo para no tener un caso judicial. El arrepentimiento revelador lo cubre todo ¡que absurdo! Esto revela la ignorancia sobre el segundo cielo, siempre hay un caso en la corte y el demandante y el demandado deben presentar sus casos delante de Dios.

Antes que Dios Hiciera el Mundo

Hay dos cosas que a veces pienso que la humanidad olvida, que Dios siempre ha sido y que las huestes celestiales estaban con Dios antes de la creación.

¿Dónde estabas tú cuando Yo fundaba la tierra? Házmelo saber, si tienes inteligencia. ¿Quién determinó las medidas de la tierra, si lo sabes? ¿O quien extendió sobre ella cordel? ¿Sobre qué están fundadas sus bases? ¿O quien puso su piedra angular cuando alababan todas las estrellas del alba y se regocijaban los hijos de Dios (ángeles)? Job 38:4-7

Cuando Dios estaba creando el mundo, las estrellas de la

LOS ÁNGELES CAÍDOS TERRITORIALES

mañana o los hijos de Dios estaban ahí gritando de alegría. La Biblia declara que cuando Dios estaba estableciendo los fundamentos de la tierra, los ángeles estaban presentes. En hebreo la palabra fundamento significa fundar, arreglar, establecer, poner una base, también es el medio para asentar una base de construcción. Los ángeles caídos se jactan de ser los "primeros o principales" así como la definición lo declara. Lo que están diciendo es esto; estuvimos allí al principio y esto nos hace principales o primeros en el orden de creación. Al haber estado cuando Dios creó la tierra y al ser humano, los ángeles caídos actúan como si fueran superiores o no tuvieran igual. En las sesiones de liberación esto es muy evidente, los ángeles caídos miran a la humanidad como inferiores, bajos en rango, estatus o como de menor calidad o menor posición. Debido a que la humanidad fue hecha un poco más baja que los ángeles en esta Era maligna, los ángeles caídos nos miran con disgusto, expresan repugnancia e indignación hacia el hombre mientras ven lo alto del orden angelical caído. Las estrellas de la mañana miran nuestra inteligencia y se burlan. Así que los que acaban de leer acerca de evitar problemas con el segundo cielo tomen esto como sabiduría. Mientras miramos las imágenes es mi esperanza que todos puedan ver la complejidad de la organización territorial, como Pablo lo declara en Efesios 6:12.

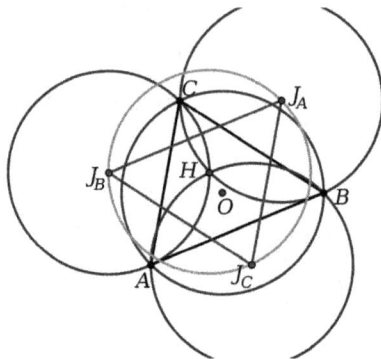

CAPÍTULO DIEZ

El nombramiento de la palabra "huestes" se basa en la descripción de cuerpos celestes y las clasificaciones en los campos celestiales. Apunta a muchas diferentes clases y órdenes del campo angelical, tanto del bien como del mal. También habla de bastas multitudes, de guerreros y divisiones que están bien entrenados para el combate y la batalla. En el cuerpo de la marina de los Estados Unidos hay tres divisiones principales, por ejemplo, la primera división marina estructurada está organizada por cuatro regimientos. Desglosando esto un poco más, hay cuatro batallones por un regimiento y cuatro compañías por un batallón. En la mayoría de los casos, hay un General Mayor o un General de dos estrellas como comandante en una base, normalmente hay un coronel a cargo del cuartel general y de los batallones comandados por los tenientes coroneles. Esta estructura de clasificación continúa hasta llegar al teniente del pelotón. Yo encuentro esta estructura muy similar al orden o rangos de los ángeles caídos y de los ejércitos que trabajan para ellos. Lo que quiero decir es que los ángeles caídos de rango inferior, desde los tronos hasta los dominios, los principados, las potestades hasta la infantería de

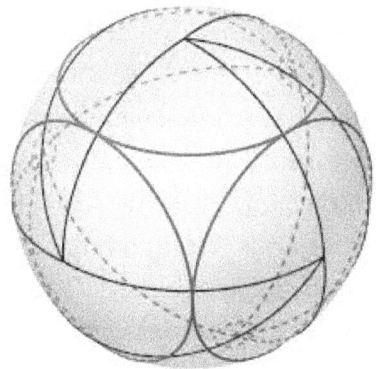

todos los géneros o clases de los espíritus demoniacos. Así es como la estructura del reino de las tinieblas en presentada.

Desde nuestras imágenes podemos ver en el campo invisible una jerarquía de seres divinos

LOS ÁNGELES CAÍDOS TERRITORIALES

caídos con diferentes niveles de autoridad, responsabilidades y jurisdicciones. Job nos dice que desde el principio Dios tiene divisiones de ángeles por toda la tierra. Ya que esto es así, entonces, la estructura de Satanás también es la misma. Al mirar esto globalmente, ahora podemos ver la increíble batalla que le espera a la Iglesia.

Esta autoridad global en capas es una administración dispuesta a destruir la creación de Dios. Es por esto que Jesús dijo que Satanás y los ángeles caídos han venido a robar, matar y destruir. En 2 Pedro 2:10, él habla de majestades angelicales, pero la Biblia también habla de ellos como los celestiales o los gloriosos. En mi primer encuentro con un ángel caído me dijo que su nombre era el glorioso, el ángel número 24 creado desde Satanás.

La asignación de la Iglesia es global, ningún ministro puede manejar este llamamiento tan masivo de llevar el evangelio alrededor del mundo y derrotar los ángeles caídos.

Las majestades angelicales caídas alrededor del mundo son sobrenaturalmente poderosas y tienen su objetivo puesto en destruir este planeta. La definición alude a un punto de partida, desde territorios o regiones, a países y luego a la tierra. Isaías 37:18 dice que el rey de Asiria ha devastado todos sus países y sus tierras. Cuando Isaías dice que la tierra quedará completamente destruida, él la compara con un viñedo marchito. Una de las maneras en que podemos ver el problema de la humanidad como una planta marchita es en la deteriorada salud de los humanos. En

CAPÍTULO DIEZ

lo sobrenatural, cualquier cosa que refleje degeneración en cualquier manera, es una señal de maldición.

La tierra estará completamente vacía y saqueada; porque el Señor ha hablado esta palabra. La tierra se lamenta y se marchita; el mundo languidece y se marchita; los notables de latiera desfallecen. La tierra está contaminada por sus habitantes; pues ellos han transgredido las leyes, violado los estatutos, han quebrantado el pacto eterno. Por lo tanto una maldición devora la tierra, y sus habitantes sufren por su culpa; por lo tanto los habitantes de esta tierra serán quemados, y quedarán pocos hombres. Isaías 24:4-6 (ESV)

Una maldición es el causar daño o lastimar a través de una declaración a la que se considera que tiene un poder sobrenatural. A menudo se ha invocado una deidad o ángel caído, una fuerza sobrenatural, como un demonio. Una maldición es un hechizo y en el pensamiento antiguo la palabra hablada tenía un poder intrínseco y al profesarlo se liberaba ese poder intrínseco, expusieron a la persona maldita a una esfera de poder destructivo, y funcionaba en contra de las personas hasta que el poder de la maldición fuese roto. Isaías dice que una maldición devora la tierra. ¿Por qué? Porque las personas de la tierra han transgredido las leyes de Dios, violado las formas en que Dios ha diseñado la humanidad para que viva. El hombre le ha dado la espalda a Dios, y al hacer esto ha quebrantado el pacto eterno.

LOS ÁNGELES CAÍDOS TERRITORIALES

La pregunta ahora permanece, ¿cómo uno puede derrotar a un ángel caído en el combate? El Salmo 82 es nuestra respuesta.

Salmo 82 explicado

*Dios está en la reunión de los dioses;
En medio de los dioses juzga. ¿Hasta cuándo juzgaréis injustamente, y aceptaréis las personas de los impíos? Selah
Defended al débil y al huérfano;
Haced justicia al afligido y al menesteroso.
Librad al afligido y al necesitado;
Libradlo de mano de los impíos. No saben, no entienden,
Andan en tinieblas; Tiemblan todos los cimientos de la tierra.
Yo dije: Vosotros sois dioses,
Y todos vosotros hijos del Altísimo; Pero como hombres moriréis,
Y como cualquiera de los príncipes caeréis.
Levántate, oh Dios, juzga la tierra;
Porque tú heredarás todas las naciones*

La palabra hebrea original traducida "dioses" es Elohim y se refiere a cualquier habitante del mundo espiritual. Elohim no se refiere a un conjunto específico de habilidades sino que distingue a Dios de todos los demás seres espirituales. Por ejemplo, el Salmo 29:1 dice "Tributad al Señor oh seres celestiales, dad al Señor la gloria y el poder". A los dioses se les ordena que adoren a Dios su creador tal

CAPÍTULO DIEZ

como lo describe el Salmo 148:1-5.

Cuando escudriñamos o examinamos el versículo 1 se refiere a la postura adoptada por un gobernante supremo para recibir el reconocimiento de su señoría en el tribunal, y para señalar a los acusados al presentar los cargos y sentencias. Estar de pie significa atender o gestionar oficialmente y ordenar. El Dios de la Biblia está oficiando un caso judicial, Él está allí para oponerse a sus enemigos y para llevar a los ángeles caídos a las corte por su obrar incorrecto, podemos ver que es Dios quien juzga a los ángeles caídos.

La pregunta en el versículo 2 ¿hasta cuándo? En realidad no busca una respuesta, si no que presenta una queja y una demanda de que las actividades ofensivas sean sancionadas. La persona que tiene la aprobación para operar en los tribunales de Dios, se presenta en oración y humildad y apela a su caso para que la iniquidad de los ángeles caídos cese de inmediato. En un lenguaje actual, la persona a la que Dios ha designado para que opere en sus tribunales, debe dirigir a las personas en una oración de declaración. Este proceso penal se refiere a dos cosas. Primero, los pecados de la humanidad se han cometido dentro de ese territorio desde el principio, segundo, la iniquidad del reino de las tinieblas está en esa región. Asaf pide tanto una acusación como un mandato para que los dioses dejen de juzgar injustamente, para juzgar el reino espiritual de los malvados.

Estos ángeles alguna vez representaron a Dios y tuvieron juicios de diferentes niveles. Ahora Asaf está pidiendo en

LOS ÁNGELES CAÍDOS TERRITORIALES

oración que Dios recuerde su comisión y que los saque de su magistrado. La oración es que Dios revise a estos oficiales que juzgan a las naciones y que deben administrar la ley de Dios.

Dentro de cada región, ya sea una nación, estado, ciudad o código postal, Asaf está diciendo que debemos presentar un caso judicial contra la jurisdicción de los ángeles caídos por su continua aprobación de la injusticia. En el volumen uno de "Explorando los Secretos de los Reinos Celestiales" en el capítulo de los espíritus podemos encontrar si es una guerra civil o criminal. Si el juicio es criminal entonces se oficia y se juzga acorde a los pecados de nuestra línea de sangre, y los pecados de la población dentro de ese distrito. Si el juicio es civil, el caso judicial serán pecados personales y transgresiones de la línea de sangre.

Esta es una oración poderosa y una revelación muy importante para el pueblo de Dios. Dios desea activamente intervenir en los intereses de personas incapaces quienes no pueden defender sus derechos debido a la naturaleza pecaminosa. Como he escrito antes, la naturaleza pecaminosa es el principio satánico. La naturaleza pecaminosa de la humanidad es la base y el sistema en que los ángeles caídos acusan y operan. Debido a que esta naturaleza es de Satanás, nuestras creencias, actitudes y comportamientos desean el control. Por lo tanto, una fortaleza se exhibe en tres partes. Primero, la Biblia enseña que toda mentira forma la base de una fortaleza. Segundo, esa mentira exige una cadena de razonamientos que luego destapan la fortaleza por medio de los pensamientos.

CAPÍTULO DIEZ

Los ángeles caídos deben ser llevados a los tribunales porque no han actuado correctamente en nombre de los débiles y necesitados, han debilitado a la humanidad y la han dejado necesitada de ayuda por medio de la naturaleza pecaminosa. La oración de Asaf es para Dios y hace justicia por medio de liberar a la humanidad. El hombre es como un niño que no tiene padre que le enseñe y que lo guie, Asaf declara en el versículo 4 que Dios recata al hombre de la mano de los ángeles caídos.

Esta es una acusación formal de Dios en el versículo 5 hacia los dioses, es el verdadero carácter de un ángel caído tal como lo describe el versículo. Su desobediencia al Señor Soberano ha causado que ellos actúen tontamente. Asaf usa la palabra tinieblas o falsedad para describir su conocimiento. Los ángeles caídos que caminan alrededor son los que vigilan e influyen el mal. Dios dice que es imposible que tales dioses o ángeles caídos entiendan, comprendan y tengan la habilidad de ver lo que es correcto.

Cuando la injusticia y la perversidad se abren camino en el mundo esto sacude el orden del mundo espiritual y moral y pasa a estar bajo la amenaza de un colapso. El Salmo también señala que si los dioses se salieran con la suya destruirían el universo en un corto tiempo.

Dios dijo, ustedes son dioses (pues ustedes juzgan en mi nombre, como mis representantes); de hecho, todos ustedes son hijos del Altísimo, pero morirán como hombres y caerán como cualquiera de los príncipes, caer como uno de los príncipes es caer como la humanidad y morir por ello.

LOS ÁNGELES CAÍDOS TERRITORIALES

Este poderoso Salmo finaliza con el comienzo del juicio, el juicio, contra los caídos es porque han violado su propósito y misión para la que Dios los llamó. Pero ahora Dios los está juzgando por su estupidez y rebelión. Esto es algo poderoso de observar, ya que están encadenados con cadenas eternas en las tinieblas y sentenciados a tártaros.

A medida en que avanza esta serie de libros, es mi intención traer a la luz más revelaciones bíblicas sobre los ángeles caídos. Espero y oro para que esta serie de libros sea de bendición y prepare el cuerpo de Cristo para el enfrentamiento entre la iglesia y los ángeles caídos.

Renuncia Corporativa

Padre Dios, en el nombre de Jesús, te pido que me perdones de cada pecado que haya cometido, y da cada pecado generacional, todos hasta Adán y las consecuencias de esos pecados. Ahora, yo perdono a todos los que han pecado en contra mía y en contra de mis pasadas generaciones, que han traído dolor y destrucción. Rompo toda maldición que yo haya creado y cada maldición generacional que mis ancestros hayan creado y todas sus consecuencias, yo te pido por tu perdón Padre Dios. Padre, por cada pecado, por cada transgresión e iniquidad yo te pido perdón y aplico y acepto la sangre de Jesús para que me limpie y a todas las generación caminando la tierra, y a todas mis futuras generaciones.

Yo renuncio toda forma de enfermedad, dolencia, flaqueza, achaques y todos los pecados, transgresiones e iniquidades que trajeron esto a mi vida e incluso por las generaciones pasadas y presentes. Me cubro con la sangre de Cristo Jesús y acepto Su sacrificio expiatorio para mi sanidad. Yo renuncio a la vida detrás de toda enfermedad, dolencia y debilidad y te pido Dios que lo saques fuera.

Renuncio a todas las formas de ocultismo y/u otras religiones. Renuncio a la adivinación, brujería y a los nueve pactos de lo oculto. Yo renunció a sus ceremonias, rituales, derechos de sangre, ataduras de alma, toda clase de pactos, hechizos, juramentos, promesas, incitaciones, convenios, iniciaciones y membresías. Cada contrato con el reino de las tinieblas que yo o mis ancestros hayan hecho, ahora yo renuncio y los rompo.

Padre, si yo o algún ancestro le ha dado su alma al diablo, ahora renuncio a eso y te pido perdón. Rompo ese convenio, pacto, derecho de sangre, promesa, compromiso y juramento. Yo renuncio al diablo como mi dios y confieso que Jesucristo es el Señor para la Gloria de Dios.

Padre, en el nombre de Jesús, yo ahora te pido por cada bendición generacional para mí desde la fundación del mundo y por cada unción, don ministerial, don de carácter, talento y dones en general. Ahora yo pronuncio esta renunciación y oro sobre cada generación caminando la tierra y por cada futura generación que ha de venir.

Padre, ahora en el nombre de Jesús, yo ordeno, en el nombre de Jesús y por el poder de la sangre de Jesús que todo espíritu maligno, demonio, enfermedad y espíritu familia me deje y salga de mi alma y cuerpo de cada parte de mí, de todas las generaciones de mi familia caminando la tierra y todas las futuras generaciones, de nuestro ADN, y nuestro linaje.

Ahora agradezco y alabo al Padre de toda creación por mi salvación, sanidad, liberación y libertad de toda maldición y pobreza en Cristo Jesús. Yo te agradezco por restaurarme a mi plena herencia en Cristo Jesús.

Fuentes utilizadas

Dictionary of Biblical Languages with Semantic Domains.

Vines' Complete Expository Dictionary of Old and New Testament Words

Strong, J. (1995). Enhanced Strong's Lexicon.

Louw, J. P., & Nida, E. A. (1996). Greek-English lexicon of the New Testament: based on semantic domains

Todas las citaciones bíblicas y el lenguaje usado son de las versiones impresas de la Biblia, RV60, NVI, Amplified, LBLA.

RVR60 – La Santa Biblia Reina Valera 1960 Derechos de autor © 1960 por la American Bible Society.

NVI – La Santa Biblia, Nueva Versión Internacional ®NVI Derechos de autor © 1999 por la sociedad bíblica internacional.

LBLA – La biblia de las Américas, Derechos de autor © 1986, 1995, 1997 por The Lockman Foundation.

Biblia Amplificada - The Lockman Foundation – derechos de autor 1954, 1948, 1962, 1964, 1965, 1987 por The Lockman Foundation – Todos los derechos reservados.

Leland Ryken, James C. Wilhoit, Tremper Longman III. Dictionary of Biblical Imagery (p. 1058). InterVarsity Press. Kindle Edition.

Derek Prince MP3 - The Old Self And New Self

NOTES

Explorando Secretos de los Campos Celestiales

Vol. 1

AVAILABLE NOW ON AMAZON

Explorando Secretos de los Campos Celestiales

Vol. 3

Coming Soon
Available on Amazon

www.ingramcontent.com/pod-product-compliance
Lightning Source LLC
Chambersburg PA
CBHW050105170426
43198CB00014B/2468